Martin Reichenbach

Führe Dich selbst

Martin Reichenbach

Führe Dich selbst

Reflexionen zur Selbstentfaltung

Trainerverlag

Impressum/Imprint (nur für Deutschland/only for Germany)
Bibliografische Information der Deutschen Nationalbibliothek: Die Deutsche Nationalbibliothek verzeichnet diese Publikation in der Deutschen Nationalbibliografie; detaillierte bibliografische Daten sind im Internet über http://dnb.d-nb.de abrufbar.

Coverbild: www.ingimage.com

Verlag: Der Trainerverlag ist ein Imprint der
Südwestdeutscher Verlag für Hochschulschriften GmbH & Co. KG
Dudweiler Landstr. 99, 66123 Saarbrücken, Deutschland
Telefon +49 681 37 20 271-1, Telefax +49 681 37 20 271-0
Email: info@verlag-trainer.de

Herstellung in Deutschland:
Schaltungsdienst Lange o.H.G., Berlin
Books on Demand GmbH, Norderstedt
Reha GmbH, Saarbrücken
Amazon Distribution GmbH, Leipzig
ISBN: 978-3-8417-5002-0

Imprint (only for USA, GB)
Bibliographic information published by the Deutsche Nationalbibliothek: The Deutsche Nationalbibliothek lists this publication in the Deutsche Nationalbibliografie; detailed bibliographic data are available in the Internet at http://dnb.d-nb.de.

Cover image: www.ingimage.com

Publisher: Trainerverlag
is an imprint of the publishing house
Südwestdeutscher Verlag für Hochschulschriften GmbH & Co. KG
Dudweiler Landstr. 99, 66123 Saarbrücken, Deutschland
Phone +49 681 37 20 271-1, Fax +49 681 37 20 271-0
Email: info@verlag-trainer.de

Printed in the U.S.A.
Printed in the U.K. by (see last page)
ISBN: 978-3-8417-5002-0

Widmung

Dieses Buch ist Menschen gewidmet, die an Wachstum und Veränderung interessiert sind und die dabei nicht der Versuchung erliegen

- die Anderen
- die Gesellschaft
- die Umstände
- …

verantwortlich zu machen. Sondern die vielmehr Verantwortung für sich selbst übernehmen und damit sich selbst und ihr Leben aktiv gestalten möchten. Es enthält nach meiner Meinung viele Anregungen, sich mit sich selbst und Veränderungen auseinander zu setzen, getreu meinem Motto:

Erkenne Dich selbst!
Die Menschen in Deiner Umgebung sind wie Spiegel.
Sie reflektieren Dein Verhalten – teilweise ungefiltert.
Wenn Du hinsiehst, kannst Du Dich selbst besser erkennen.

„Tempora mutantur et nos mutamur in illis! - „Die Zeiten ändern sich und wir uns mit ihnen", so heißt es in den „Metamorphosen" von Ovid. Ja wenn das nur immer so einfach wäre, wird jetzt mancher vielleicht sagen. Und tatsächlich kann man ja täglich beobachten, dass es Menschen gibt, die mit Leichtigkeit sich den immer schneller werdenden Veränderungen in ihrem Umfeld anpassen, während Andere damit kämpfen und sich nach Monaten noch nach der alten Situation sehnen.

Ich bin der festen Überzeugung, dass es vor allem mit unseren Gedanken zu tun hat, wie schwer oder leicht uns Veränderungen fallen. Deswegen habe ich in diesem Buch eine Sammlung von Gedanken zusammengetragen, die bei verschiedenen Aspekten rund um die Veränderung nützlich sein können. Sie können die einzelnen Gedanken in beliebiger Reihenfolge lesen oder sich jede Woche einen der Gedanken vornehmen, ganz wie Sie möchten. Ich hoffe, dass sie Ihnen nützen und wünsche Ihnen, dass sie alle Veränderungen, die sie betreffen, mit Leichtigkeit meistern.

Zwingenberg, im August 2011 Martin Reichenbach

„Wenn Du etwas verändern willst, fang' bei Dir selbst an."

Danken möchte ich Gabor von Varga, für alles was er mich über Bedeutung und nicht nötigende Kommunikation gelehrt hat, meiner Tochter und Lektorin Johanna für die Geduld und Akribie, mit der sie Unzulänglichkeiten aufspürt, meinem Bruder Stephan für die Motivation, meiner Frau Ute für Inspiration und die Geduld, die sie mit mir hat, meinem Freund Ralph, von dem die Idee zu diesem Buch stammt und allen anderen Freunden, Bekannten und Mitmenschen, denen ich vielfältige Anregungen zu den hier aufgeschriebenen Gedanken verdanke.

Inhalt

Statt einer Einleitung möchte ich kurz ein paar Worte zu meiner grundsätzlichen Einstellung zum Umgang mit reflektierenden Fragen wiedergeben. Für mich ist keine Frage und keine Antwort unzulässig. Viel wichtiger ist es, ob eine Frage für den, der gefragt wird, relevant ist. Und was die Antwort(en) angeht, ist es meiner Meinung nach sinnvoll, zu überprüfen, ob sie für den Empfänger der Antwort nützlich ist. Also unabhängig davon, ob die Antwort aus Ihnen selbst oder von Ihrer Umgebung kommt, überprüfen Sie, ob Sie etwas damit anfangen können und ob es in der zur Debatte stehenden Situation für Sie sinnvoll und nützlich ist. Selbstverständlich gilt das im Rahmen von Gesetz und Moral. Ich möchte Sie einladen, während der Arbeit mit diesem Buch, vielleicht vorübergehend eine ähnliche Sichtweise einzunehmen. In diesem Sinne wünsche ich Ihnen viel Spaß und Erfolg beim Durcharbeiten.

Frühling

Das Ziel fest im Blick

Es ist stets hilfreich, wenn wir uns darüber klar werden, wohin wir überhaupt möchten. Sonst laufen wir Gefahr, uns wie eine Nussschale auf einem aufgewühlten Meer hin und hertreiben zu lassen. Ich nehme an, dass das eigentlich niemand möchte.

Imagine

Viele grosse Männer (eigentlich alle, die ich dafür halte) hatten einen Traum, man denke nur an die berühmte Rede von Martin Luther King „I have a dream …". Und in dieser Rede sagte er auch „… *that one day on the red hills of Georgia the sons of former slaves and the sons of former slave owners will be able to sit down together at a table of brotherhood."*

Wenn wir uns die Welt heute ansehen, dann ist sie sicher noch ein gutes Stück von diesem Zustand weg, aber wer hätte sich vor 45 Jahren träumen lassen, dass wir mittlerweile den ersten schwarzen US-Präsidenten haben. Und Martin Luther King hat mit seinem Traum den Grundstein für diese Entwicklung gelegt. Oder man denke an Nelson Mandela, der für seinen Traum 27 Jahre im Gefängnis saß und selbst noch die Abschaffung der Apartheid erlebt hat und erster Präsident des neuen Südafrika war.

Wenn also Menschen mit ihren Träumen ganze Länder, ja die Welt verändern können, um wie viel einfacher kann ein Einzelner sein eigenes Leben verändern.

Wovon haben Sie eigentlich als Kind immer geträumt oder welchen Traum haben Sie selbst schon lange? Und was hat Sie bis jetzt daran gehindert? Wie viele gute Gründe führen Sie an, warum dieser Traum nicht realisiert werden kann? Und hindern Sie ihn vielleicht selbst damit daran, Wirklichkeit zu werden?

Tipp:
Achten Sie doch in den nächsten Tagen darauf, welche (Tag)Träume Sie haben. Notieren Sie sie und machen Sie eine Hitliste Ihrer Träume daraus. Was würde passieren, wenn Sie bedingungslos an Ihren Traum glauben? Wenn Sie allen Freunden und Bekannten von Ihrem Traum erzählen? Wenn Sie alle Energie darauf verwenden, ihn Wirklichkeit werden zu lassen und die Schwierigkeiten einfach als Herausforderungen betrachten und überwinden. Wie schnell könnte ihr Traum dann Wirklichkeit werden? Stellen Sie sich Ihren Traum im Geiste so vor, wie es ist, wenn er umgesetzt ist, mit allen Details und in Farbe.

Prevoiren

Kürzlich las ich über einen Auftritt von Fritz Rau, dem bekannten Konzertveranstalter, der in einem Kleinkunsttheater aus seinen Memoiren erzählt hatte. Da war dann z.B. zu lesen, wie Jimi Hendrix bei ihm zum Spätzleessen zuhause war. Und ich fragte mich, wieso es die Leute interessiert, wann wer mit wem Spätzle isst. Aber warum auch immer das so ist, es scheint ja interessant für viele Menschen zu sein.

Dann kam mir eine Idee. Wie wär's denn, wenn wir anfangen würden Prevoiren (eine neologistische Wortschöpfung meiner Tochter) zu schreiben. Was bedeutet das? Wie wäre es, sich Gedanken zu machen, was ich in den nächsten z.B. 20 Jahren noch alles gern tun, erleben, bewirken ... möchte?

Und sich das in Prevoiren aufzuschreiben. Wozu das gut ist? Nun, wenn es aufgeschrieben ist, muss ich nur von Zeit zu Zeit hineinschauen und es auch tun. Vielleicht ab und zu noch ergänzen mit neuen Ideen, die dazugekommen sind. Wichtig ist aber vor Allem, es umzusetzen.

Tipp:

Nehmen Sie sich diese Woche doch jeden Tag etwas Zeit und stellen Sie sich vor, wo Sie in zehn, zwanzig, ... Jahren sein möchten. Was haben Sie getan, worauf sind Sie stolz? Notieren Sie sich die Inhalte Ihrer Gedanken und merken Sie sich das Gefühl. Wie wird es sich anfühlen, wenn Sie das Alles erreicht haben? Und mit diesem wunderbaren Gefühl als Motor machen Sie sich bitte an die Umsetzung.

Wer sein Ziel kennt, findet den Weg

Häufig erlebe ich es in Gesprächen, dass Menschen schon über das wie, was und wann nachdenken und reden und sich noch gar nicht über das wohin im Klaren sind. Konkret: Sie reden über einzelne Schritte, ohne dass das Ziel überhaupt schon definiert ist.

Diese Ungeduld ist mir selbst auch nicht gänzlich unbekannt, doch wenn sie mich heutzutage befällt, halte ich inne und rufe mir in Erinnerung, dass konkrete Schritte nicht unbedingt dahin führen, wo ich hin will, wenn mir das Ziel nicht klar ist. Oft führen solche Schritte sprichwörtlich „vom Regen in die Traufe“ und man steht nachher nicht besser da als vorher.

Deshalb nehme ich mir mittlerweile die Zeit, um über das Ziel nachzudenken und es möglichst genau und konkret zu beschreiben, bevor ich mir Gedanken über notwendige Mittel und Schritte zu machen. Natürlich ist das klare Ziel nur die halbe Miete und es braucht dann noch eine sorgfältige Planung und Vorbereitung und auch die konkrete Umsetzung.

Doch wer sein Ziel kennt, findet auch einen Weg dahin.

Tipp:
Wenn Sie dieser Tage den Impuls haben, „drauf los“ zu schaffen, obwohl sie noch gar nicht so genau wissen, wohin es geht, dann halten Sie kurz inne und fragen sich:

- was genau will ich erreichen? Wo möchte ich hin?
- wann soll es erledigt sein?
- woran merke ich, dass das Ziel erreicht ist?

Nehmen Sie sich diese Beschreibung mit was, wann und wie auf Ihrem PC auf und sprechen Sie in der Gegenwart (…am <Datum> habe ich <genaue Beschreibung Ziel> erreicht… oder …am <Datum> bin ich <genaue Beschreibung des Zustandes> …). Diese Audio-Datei hören Sie dann bitte täglich an, so lange bis Sie selbst überzeugt sind, dass Sie das Ziel erreichen.

Träume

Ich weiss nicht mehr, wo ich das einmal gelesen habe:
„Hold fast to your dreams, cause if dreams die
life's like a broken winged bird that cannot fly."[1]
Übersetzt bedeutet das in etwa:
"Halte Deine Träume fest, denn wenn sie sterben,
ist das Leben, wie ein Vogel mit gebrochenem Flügel, der nicht mehr fliegen kann."

Andererseits sagt man in unsrem Kulturkreis ja „Träume sind Schäume" und verbannt Träume in das Reich der Hirngespinste und nicht ernst zu nehmender Dinge. Das finde ich sehr schade, denn ohne Träume und die Arbeit daran, sie zu realisieren, ist das Leben oft eintönig.

Haben Sie noch Träume? Wenn nicht, wovon haben Sie geträumt, bevor sie sich auch zur „Träume sind Schäume"-Liga haben entmutigen lassen? Können Sie sich noch erinnern? Gibt es noch das aufregende Gefühl, einen Traum zu haben?

Und falls sie noch oder wieder Träume haben: setzen Sie sie um? Oder warten sie schon lange, auf eine bessere Gelegenheit? Was hindert sie anzufangen, was fehlt noch?

Wie wäre es gleich heute den ersten Schritt zu tun?

Tipp:
Nehmen Sie sich jeden Tag eine kleine Auszeit von vielleicht einer Viertelstunde und lassen Sie es sich gut gehen, z.B. mit einer Tasse Tee. Dann lassen Sie ihren Gedanken einfach freien Lauf und warten, welche Bilder, Wünsche oder Vorhaben auftauchen. Am Besten malen Sie die Bilder, wie es ist, wenn der Traum umgesetzt ist, in bunten Farben auf ein Blatt Papier und hängen es an einer Stelle auf, wo sie es täglich sehen. Nehmen Sie sich Zeit das Bild anzuschauen und genießen Sie das Gefühl, das Sie haben, wenn das Ziel erreicht ist.

[1] Dreams von Langston Hughes (1902-1967), Erscheinungsdatum unbekannt

Dein Ding

Eigentlich kann ich den H. Lindenberg nicht so leiden, weil er in der Öffentlichkeit und Interviews für mich oft arrogant wirkt. Eines seiner neueren Lieder „Ich mach' mein Ding“[2]
hat aber was.

Was sind Eigenschaften, die darin angesprochen werden, die ich für essentiell halte, um glücklich zu sein?

- seinen eigenen Weg gehen
- sich selbst treu bleiben
- durchhalten, auch wenn's schwierig wird

Was ich aber anders machen möchte, als es in dem Song zum Ausdruck kommt, ist wie ich über die anderen denke und rede. Ich muss nicht die Anderen klein machen und mit Schimpfworten (wie z.B. Schwachmaten) belegen, um mich selbst OK zu finden oder zu mir und meiner Meinung zu stehen.

Es ist möglich, Feedback von Anderen zu wertschätzen und trotzdem immer wieder eigene Entscheidungen zu treffen, was ich machen will und wie ich es machen will.

So mach' ich mein Ding.

Tipp:
Wenn Sie Ihr Ziel kennen (s.a. „Wer sein Ziel kennt, ...“), dann achten Sie doch in den nächsten Tagen einmal darauf, ob und wie Sie sich ablenken lassen. Und wenn das geschieht, fragen Sie sich, was hat dazu geführt, dass ich mein Ziel aus den Augen verloren habe? Und dann stellen Sie sich ihr Ziel möglichst bildlich vor und fühlen, wie es sich anfühlt, wenn das Ziel erreicht ist.

---

[2] Udo Lindenberg, Mein Ding, Album: Stark wie zwei, 2008

Der innere Kritiker

Wer kennt sie nicht die Stimme im Inneren, die fast jede Idee und jedes Vorhaben oft schon im Vorfeld zum Scheitern bringt, in dem es sie zerredet und zerpflückt. Kürzlich las ich dazu einen mehrseitigen Artikel voller Tipps und Tricks, wie man diesen inneren Kritiker analysieren und was man tun kann, um ihn im Zaun zu halten. Die Schwierigkeit, die ich mit solchen langen Empfehlungen habe, ist, sie wirklich zu verinnerlichen und bei Bedarf auch wirklich abrufen zu können. Was also tun?

Ich halte mich da gerne an das, was mir ein bekannter Coach als die „Walt-Disney-Methode" erklärt hat. Und die geht so. Wann immer ich an einer Idee oder an einem Vorhaben arbeite und er, der Kritiker, meldet sich, dann sage ich wertschätzend zu ihm: „Du hast bestimmt wichtige Fragen und Anregungen zu dem Vorhaben; doch Du bist noch nicht dran; gedulde Dich noch!" Damit stelle ich sicher, dass Ideen nicht schon im Keim erstickt werden. Und das tue ich so lange, bis es zu der Idee einen konkreten Plan gibt. Dann hole ich den Kritiker sogar aktiv zur Hilfe, indem ich mich an ihn wende und frage: „Was fällt Dir denn an dem Plan auf? Gibt es Dinge, die ich vergessen habe? Mögliche Schwierigkeiten, für die ich noch einen Plan B brauche? Hast Du sonst noch Anregungen?" So wird aus dem ewigen Nörgler ein hilfreicher Qualitätssicherer. Und natürlich bedanke ich mich hinterher für die Anregungen.

Probieren Sie es doch mal aus. Vielleicht wird ihr innerer Kritiker mit der Zeit sogar zu einem Unterstützer.

Hintergrund :

Walt Disney hatte sich in seinem Haus drei Räume eingerichtet mit unterschiedlichen Farben und auch Möbeln. Der erste Raum war der des „Träumers". Dort produzierte er nur Ideen. Dann ging er weiter in den Raum des „Kritikers" und suchte nach dem berühmten Haar in der Suppe. Anschließend betrat er den Raum des "Realisten" und prüfte alle Ideen auf ihre Machbarkeit unter Berücksichtigung der Einwände des Kritikers. Dieses Vorgehen wurde als „Walt-Disney-Strategie" bekannt.

Prof. Schulz von Thun hat in seinen Büchern „miteinander reden" ein Kommunikationsmodell vorgestellt, das er „das innere Team" nennt. Dort findet sich eine Erweiterung der Strategie von

Walt Disney, weil Schulz von Thun noch weitere relevante „innere Stimmen" vorstellt, die den Alltag und auch Entscheidungen beeinflussen.

Tipp:

Wenn sich der „innere Kritiker" in den nächsten Tagen meldet, bevor Sie sich überhaupt ernsthaft mit einer Idee, einem Vorhaben ernsthaft befassen können, dann geben Sie ihm doch einfach ein paar Tage Urlaub. Sagen Sie ihm, dass er wichtig ist, sich jetzt aber gerne ein paar Tage frei nehmen darf und dass Sie ihm rechtzeitig Bescheid geben, wenn Sie ihn wieder brauchen, um bei dem fertigen Plan die Qualität zu sichern.

Bedeutung

In vielen Situationen, die mir begegnen fällt mir auf, dass ich selbst und auch Mitmenschen schnell damit bei der Hand sind, zu interpretieren. Ich denke dann, dass das Gesagte oder Erlebte ja nur genau das, was ich verstanden habe, bedeuten kann und reagiere entsprechend (heftig). In den meisten Fällen ist es aber gar nicht so, wie es auf den ersten Blick scheint und die anderen wundern sich über die unangemessene Reaktion. Deswegen ist es hilfreich, nachzufragen und zu reflektieren, damit ich reagiere auf das, was ist, und nicht auf das, was ich vermute.

Projektionsflächen?

Gehen Sie auch öfters durch Ihren Alltag und denken: na dieser Mensch hier hat ja aber auch ein gehörige Schwäche und jener eine andere? Und so sehen Sie die Menschen, die Ihnen begegnen und forschen danach, was ihnen fehlt, wo es hapert. Haben Sie sich in einer solchen Situation schon einmal gefragt: Was hat das eigentlich mit mir zu tun?
Frei nach dem Satz: Was Peter über Paul sagt, sagt mehr über Peter als über Paul.

Wenn ich mich das in einer solchen Situation anfange zu fragen, dann komme ich meist an einen Punkt, den ich bei mir (noch) nicht richtig wahrhaben will. Vielleicht bin ich ja so, wie ich es dem anderen andichte oder es ist ein Thema, vor dem ich mich drücken möchte. Und so mache ich meine Mitmenschen immer wieder zu Projektionsflächen und damit Opfern meiner eigenen Ängste, unterdrückten Gefühle oder unbearbeiteten Themen. Man könnte auch sagen: Warum suche ich den Splitter im Auge des Gegenübers und sehe den Balken im eigenen Auge nicht.

Was also tun? Hin und wieder gelingt es mir, dass ich im Gegenüber einen Spiegel sehe und dadurch etwas über mich herausfinde – manchmal wusste ich es eigentlich schon, nur wird es mir klarer. Oder es ist etwas, über dessen Bedeutung ich mir noch nicht klar war. Und manchmal erkenne ich auch erst so die Möglichkeiten, die in einer Haltung oder Eigenschaft liegen, die ich bisher weit von mir gewiesen habe. So wie man ja auch nur in einem Spiegel sein eigenes Gesicht erkennen kann.

Was sehen Sie in Ihren Mitmenschen: Projektionsflächen oder Spiegel?

Tipp:

Fragen Sie sich bei der nächsten Gelegenheit, wo Ihnen etwas beim Gegenüber aufstößt

- hat das etwas mit mir zu tun?
- mal angenommen, ich wäre so, was/wozu könnte das nützlich sein?
- wann könnte ich diese Eigenschaft gebrauchen?

Die Welt ist nicht so einfach – Ansichten

Ein Bekannter erzählte mir folgende Geschichte. In einer Diskussion sagte ein Vorgesetzter zu ihm „...die Welt ist aber nicht so einfach, wie Sie das sehen...“. Am nächsten Tag fragte ihn ein Kollege, wie er denn damit umgehe, dass er öffentlich so gekränkt wurde. Er musste erst einmal nachfragen, was dieser meinte, denn er hatte sich durch diese Aussage nicht gekränkt gefühlt.

Was war passiert? Nun, mein Bekannter hatte das Ganze nach dem Motto (s. Projektionsflächen) „was A über B sagt, sagt mehr über A als über B“ gehört.
Was hatte er also gehört

- ich (der Vorgesetzte) sehe die Welt anders als Sie!
- mein Weltbild ist komplexer und es ist das Richtige!
- mein Weltbild ist zu komplex für Sie!

Nun ist ihm schon klar, dass das auch eine Machtdemonstration und als Zurechtweisung gemeint war und es steckt ja auch die Aussage darin, dass der Vorgesetzte meint, dass mein Bekannter das Weltbild des Vorgesetzten nicht verstehe/beherrsche. Aber – das ist dessen Meinung über ihn und damit noch lange nicht die Realität meines Bekannten, denn für die ist er ganz alleine verantwortlich. Und deswegen ist er auch nicht gekränkt.

Allerdings sagte er mir, dass er dem Kollegen, der ihn am nächsten Tag angesprochen hat, dankbar ist, weil er ihm gezeigt hat, wie leicht jemand anders gekränkt sein kann, wenn man eine Aussage aus der eigenen Perspektive macht und sie als absolut gültige und einzig richtige Sichtweise hinstellt.

Tipp:

Beobachten Sie sich doch einmal selbst, ob Sie solche absoluten Aussagen machen, wie

- das ist aber nur so (wie ich es sehe)
- das muss man unbedingt so machen
- das kann nur dies bedeuten
- usw.

Und wenn Sie das tun, fragen Sie doch einmal Verwandte, Freunde, Bekannte oder Kollegen

- wie siehst Du das denn?
- wie machst Du das?
- was bedeutest es für Dich, wenn …?

und schauen Sie, wie dies Ihre Weltsicht bereichert.

Be-Deutung

Auf der vorigen Seite hatte ich die Reaktion eines Kollegen eines Bekannten zu der Aussage eines Vorgesetzten beschrieben. Der Kollege war überrascht, dass er es so gelassen nahm. Weiter hatte ich seine eigene Interpretation der Situation geschildert. Und das waren drei verschiedene Sichten der Dinge: die des Vorgesetzten, die des Kollegen und die meines Bekannten. Was genau ist da passiert?

Wenn wir eine Situation beobachten, etwas sehen, hören oder sonst irgendwie wahrnehmen, dann fangen wir (fast) automatisch damit an, zu deuten. Wir geben dem Wahrgenommenen eine eigene Be-Deutung und das ist in vielen Fällen nicht die gleiche, wie es die Menschen in unserer Umgebung tun. Viele Missverständnisse beruhen darauf, dass wir davon ausgehen, dass der Andere das Gleiche darunter versteht, wie ich.

Wir denken: "Das ist doch selbstverständlich", was nichts Anderes heißt, als dass ich es auf genau meine Art und Weise verstehe (es ist mir selbst verständlich).

Was kann ich nun tun, damit es nicht zu solchen Missverständnissen kommt. Zwei einfache Dinge: Erst kann ich den anderen fragen, was es für ihn bedeutet, und dann kann ich ihm genau sagen, was es für mich bedeutet. Dann wissen wir wenigstens, ob wir über das Gleiche reden oder über zwei ganz verschiedene Dinge.

Tipp:

Nehmen Sie sich in der nächsten Konversation doch einmal die Zeit, mit eigenen Worten zu wiederholen, wie Sie das Gesagte des Anderen verstanden haben, bevor Sie ihm antworten. Und fragen Sie den anderen, ob er das so gemeint hat.

Sieh selbst (Der Spiegel)

Von jemandem, den ich gut kenne, wurde mir berichtet, dass ihn viele Menschen in seiner Umgebung als „schonungslos offen“ bezeichnen. Da ich denjenigen ganz anders erlebe, nämlich als einen besonders reflexionsfähigen Menschen, fing ich mir an zu überlegen, woher diese so unterschiedlichen Ansichten rühren können.

Getreu meinem Motto *„Die Menschen in Deiner Umgebung sind wie Spiegel. Sie reflektieren Dein Verhalten - teilweise ungefiltert. Wenn Du hinsiehst, kannst Du Dich selbst besser erkennen.“* kam ich zu der Vermutung, dass viele Menschen wahrscheinlich Spiegel, die nicht so blank geputzt sind, bevorzugen. Wieso das? Nun ja –in einem Spiegel der weniger klar ist, sehe ich halt nicht alle Details so genau und kann insbesondere die unangenehmen, die ich nicht mag, besser ausblenden. Wenn der Spiegel aber sehr klar ist, dann fällt es schwer, die liebgewonnenen Täuschungen über mich selbst aufrecht zu erhalten.

Denn der, von dem ich spreche, ist äußerst klar – wie ein ganz blanker Spiegel. Und darin kann man das Betrachtete viel besser erkennen. Was aber sehen die Anderen im Spiegel? Sich selbst. Und wer kann es ändern, wenn ihnen das, was sie sehen nicht gefällt? Sie selbst.

Tipp:

Achten Sie einmal darauf, ob Sie auf Aussagen/Feedback von Mitmenschen heftig reagieren. Und wenn Sie dies tun, fragen Sie sich

- was hat mich denn da so getroffen an der Aussage?
- wie könnte ich über mich selbst denken, damit es mich nicht so trifft?
- wie kann mir dieses Feedback helfen?

Himmel auf Erden?

Beim Arzt sah ich in einer Zeitschrift einen Bericht über Mauritius unter dem Titel „Himmel auf Erden". Natürlich waren auf dem Foto türkisblaues Wasser, weißer Strand, Palmen und Liegestühle zu sehen. Ich habe den Artikel nicht durchgelesen, denn die Überschrift machte mich nachdenklich. Wenn es wirklich so einfach wäre, warum empfinden nicht mehr Menschen so? Und weswegen war Robinson Crusoe auf seiner Insel so relativ unglücklich, bis er Freitag fand?

Meine Lebenserfahrung und das, was ich weiß, geben mir folgende Antworten. Geist und Körper des Menschen sind Teile des gleichen Systems und beeinflussen sich wechselseitig. Was spielt das in diesem Zusammenhang für eine Rolle? Es bedeutet, dass das, was ich denke, entscheidend dafür ist, wie es mir geht.

Und das hängt für mich viel weniger davon ab, wo ich bin, sondern mit wem ich dort bin. Sind meine Frau, Kinder, Freunde und Bekannten in der Nähe. Habe ich genügend Zeit für diese und für mich selbst und meine wichtigen Interessen. Kann ich Dinge tun, die für mich sinnvoll sind. Wenn dies gegeben ist, kommt das für mich dem Himmel auf Erden viel näher.

Was bedeutet für Sie selbst, den Himmel auf Erden zu haben?

P.S: Natürlich kann auch ich mir einen kurzen Urlaub auf einer Insel wie Mauritius vorstellen. Aber das ist eine kurze Episode und das Leben bietet so viel mehr.

Tipp:
Wenn Sie in den nächsten Tagen mal wieder einer Werbung „auf den Leim gehen" und in etwa denken „Oh ja, genau das muss ich auch haben!", überlegen Sie doch mal, was **Sie** eigentlich schon lange tun wollten oder sich wirklich schon lange gewünscht haben und denken Sie darüber nach, was Sie tun können, damit es schnellstmöglich passiert.

Feedback

Was mich in meinem Leben immer weitergebracht hat ist ehrliches und konstruktives Feedback. Was sieht das aus? Am Hilfreichsten ist es für mich, wenn der Feedbackgeber zunächst einmal nur über das redet, was er wahrnimmt. Wenn er also zum Beispiel sagt: „Ich beobachte immer wieder, dass du andere Menschen unterbrichst, sie nicht ausreden lässt." Falls er auch noch Vorschläge machen will, dann ist es sinnvoll, wenn er im Weiteren nur über sich redet und dabei sagt, was das mit ihm macht, wie z.B. „Wenn du mich unterbrichst, dann denke ich, dass du mich nicht ernst nimmst, mich nicht respektierst!" Und der eigentliche Vorschlag ist dann am Besten als Wunsch formuliert. „Was ich mir künftig wünsche ist, dass du immer erst zu Ende zuhörst, bevor du etwas sagst."

Wenn Feedback in dieser Art daher kommt, dann ist es besonders leicht zu akzeptieren. Nun geben aber (noch) nicht sehr viele Menschen Feedback in dieser Art. Für mich ist Feedback in jedem Fall ein Geschenk, denn es sagt mir ja etwas über mich selbst. Und ich habe ja immer mehrere Möglichkeiten, wie ich damit umgehen kann. Mir fallen ad hoc mindestens drei ein:

- ich kann es komplett annehmen und beherzigen
- ich kann mir die Teile nehmen, die ich verstehe und mit mir zu tun haben
- ich kann es komplett ignorieren

Das Letzte tue ich allerdings nur dann, wenn der Andere mir etwas unterschieben will, was eigentlich „Seins" ist. Und was ich vermeide ist, Feedback zu korrigieren. Ist etwas dabei, was meiner Meinung nach nicht zutrifft, dann behalte ich das möglichst für mich selbst, denn ich möchte ja auch in der Zukunft noch wertvolle Rückmeldungen erhalten.

Auf jeden Fall erfahre ich durch Feedback genau, wie die Anderen mich sehen und was das, was ich tue, für sie bedeutet.

Tipp:

Wenn Sie in den nächsten Tagen Feedback erhalten, egal ob auf eigenen Wunsch oder völlig ungefragt, bedanken Sie sich auf jeden Fall bei dem Anderen. Und dann überlegen Sie zunächst, welche Teile das Feedback beinhaltet. Diese Teile können Sie dann sortieren, so wie Aschenputtel die Erbsen. Auf die eine Seite kommen die Teile, mit denen Sie etwas anfangen können, auf die andere Seite die, die Ihnen unverständlich sind, Widerstand hervorrufen oder sonst wie nicht passen. Befassen Sie sich dann erstmal mit dem Feedback, das Sie verstehen und überlegen, wie es

Ihnen hilft. Dann können Sie gerne auch noch überlegen, ob in dem anderen Stapel etwas ist, das Ihnen auch nützen kann und auf welche Weise es hilfreich ist. Die Dinge, die Ihnen im Moment nicht nützen, sollten Sie dann zur Zeit auch nicht berücksichtigen.

P.S: Ich will damit nicht sagen, dass es gutes und schlechtes Feedback gibt. Feedback ist einfach Feedback. Nur macht es keinen Sinn, dass sich der Empfänger allzu lange mit Feedback beschäftigt, das er partout nicht versteht. Manchmal sind natürlich gerade darin die „Perlen" verborgen, aber es dauert vielleicht seine Zeit, bis ich es verstehe.

One vision

Der verstorbene Freddy Mercury sang in einem seiner Lieder (Titel s.o.)

No wrong no right,
I'm gonna tell you there's no black and no white,
...
All we need is one world wide vision.[3]

Das erinnerte mich an ein Gespräch, das ich kürzlich mit einem Freund geführt hatte. Der wiederum erzählte mir von jemand Drittem, für den die Welt eben genau nur schwarz oder weiß, gut oder böse ist. Für denjenigen gib es kein dazwischen, kein „vielleicht" oder „möglicherweise".

Aus meiner Sicht ist das schade – für ihn. Denn er beraubt sich, unnötigerweise, vieler Möglichkeiten. Und er bringt sich und andere in viele, wie ich finde überflüssige, Diskussionen und Auseinandersetzungen.

Was wäre aus meiner Sicht sinnvoller? Sich z.B. zu fragen, wofür kann es gut sein, für wen und in welcher konkreten Situation? Und es genau dann und dafür einzusetzen, was immer es ist.

Meine Vision: Eine Welt, in der wir uns mehr über Möglichkeiten Gedanken machen und unterhalten.

Tipp:
Betrachten Sie die Welt doch einmal als einen Ort grenzenloser Möglichkeiten, an dem es einfach viele verschiedene Dinge gibt, nach dem Motto: „Man weiß nie, wofür es gut ist." Und wenn Sie etwas stört, dann sehen Sie es als eine Herausforderung, deren Ausgang Ihnen noch nicht klar ist, die aber bestimmt zu etwas Positivem führen wird.

---

[3] Queen – One vision, Album: *A Kind of Magic, 1986*

Sommer

Glück

Wir alle suchen danach. Es gibt kaum etwas, nach dem wir mehr streben. Und doch gibt es kaum ein Thema, bei dem die Vorstellungen darüber, was es ist und wie man es erreicht, weiter auseinander gehen.

Glücklich auf dem Weg zur Arbeit

Als mir bei einem unserer regelmäßigen Treffen ein Freund kürzlich erzählte, dass die beiden Situationen, die auf der Glücksskala der befragten Menschen ganz unten stehen

- der Weg / die Fahrt zur Arbeit
- Gespräche mit dem Chef

sind, war ich erstaunt. Wieso, werden Sie sich sicher fragen? Was gibt es da erstaunt zu sein? Es gibt doch wohl wirklich kaum was Öderes, als zur Arbeit zu fahren, sich mit hunderttausend anderen gehetzten Menschen die Autobahn zu teilen und um jeden Meter Fortkommen zu kämpfen. Doch, ist meine Antwort.

Natürlich kenne auch ich eine Menge Situationen in denen ich glücklicher bin als auf dem Weg zur Arbeit. Zum Beispiel bei den Treffen mit meinem Freund mit einem guten Essen, einem Glas Rotwein und unterhaltsamen Gesprächen oder auf Wanderungen allein oder mit meiner Frau. Vielleicht fallen Ihnen selbst noch eine Menge anderer Situationen ein. Sind Sie sich in dieser Situation dann eigentlich der Tatsache bewusst, dass Sie glücklich sind? Und zeigen und sagen Sie es auch den Menschen, die daran Anteil haben? Ich wünsche es Ihnen, denn das ist ein Teil des Geheimnisses, dass das Glück bei uns bleibt.

Aber zurück zum Weg zur Arbeit. Wieso bin ich dabei relativ glücklich? Das ist ziemlich einfach. Ich wende auch und gerade in dieser Situation den Gedanken an:

> *Gott* (oder wen oder was immer Sie dafür verantwortlich machen –
> es dürfen auch gerne Sie selbst sein)
> gib' mir den Mut, Dinge zu ändern, die ich ändern kann
> gib mir die Gelassenheit, Dinge (entspannt) zu akzeptieren, die ich nicht ändern kann
> und gib' mir die Weisheit, das Eine vom Anderen zu unterscheiden.[4]

Was das mit dem Weg zur Arbeit zu tun hat? Ganz einfach. Solange ich einer Arbeit nachgehe, zu der ich von zuhause hinfahren muss, kann ich es einfach nicht ändern. Der Weg zur Arbeit gehört zu meinem Tag dazu, wie das Aufstehen, Duschen oder Frühstücken. Und wenn ich es nicht ändern kann, dann versuche ich es halt entspannt und gelassen zu nehmen. D.h. zunächst vor Allem, dass ich diesen Weg in den mir eigenem Tempo zurücklege.

---

[4] Reinhold Niebuhr, am. Theologe/Philosoph (1892-1971)

Ich fahre so schnell, wie ich es wirklich entspannt kann und lasse mich von niemandem hetzen oder drängeln. All' denen, die es eiliger haben, mache ich so schnell wie möglich Platz. Dazu höre ich dann meine Lieblingsmusik. Und ich habe auch noch Zeit, die an mir vorbei gleitende Landschaft wahrzunehmen. Manchmal bleibt das Radio auch aus und ich hänge nur meinen Gedanken nach. So in Ruhe kann ich das meistens den ganzen folgenden Tag nicht mehr.

Mit anderen Worten: Ich genieße diese Zeit. Ich nehme sie sehr bewusst wahr und sehe auch sie als ein Geschenk. Und damit bin ich glücklich auf dem Weg zur Arbeit.

Tipp:

Nehmen Sie sich jeden Tag bewusst ein paar Minuten Zeit, um das in Ruhe zu genießen, was Sie gerade tun, ob es eine wichtige Besprechung, eine Tätigkeit oder - was immer – ist. Seien Sie sich bewusst, dass genau dieser besondere Moment einzigartig und ein Geschenk ist.

Die Fähigkeit zum glücklich sein

Viele Forscher zerbrechen sich den Kopf und messen, analysieren, entwerfen Theorien, um dem Glück auf die Spur zu kommen. Philosophen verbringen ihre Tage damit herauszufinden, was ein glückliches und erfülltes Leben ausmacht. Und wahrscheinlich auch jeder von Ihnen verbringt ab und zu Zeit damit, sich zu fragen: bin ich eigentlich glücklich. Und wäre ich nicht glücklicher,

- wenn ich noch dies oder jenes besäße
- mit einem (anderen) Partner
- an einem anderen Ort
- in einem anderen Job
- …

Ja und wie geht es Ihnen gerade jetzt, wo Sie dies lesen? Sind sie glücklich?
Falls ja, genießen Sie den Moment weiter.

Falls nicht, was fehlt Ihnen denn zum glücklich ein?
Zeit? Geld? Freunde? Was immer Sie glauben, dass es ist, was Ihnen fehlt; ich vermute, dass Sie nicht glücklicher wären, wenn Sie das eine oder andere von dem, was Sie sich wünschen wirklich hätten. Es gibt ein altes Sprichwort: „Denn jeder Wunsch, wenn er erfüllt, kriegt augenblicklich Junge!" Glauben Sie nicht auch, dass Ihnen nach der Erfüllung Ihrer oben genannten Wünsche, genau so viele neue Dinge einfallen mit denen Sie glauben, dass Sie glücklicher wären.

Ich will hier nicht den Eindruck erwecken, dass es nicht viele Dinge gibt, die ich mir auch noch wünsche

- Orte, zu denen ich gerne noch reisen möchte
- Menschen, die ich gerne kennen lernen würde
- Dinge, die ich tun möchte
- Projekte, die ich unterstützen möchte
- …

Und ich arbeite auch meistens daran, dass das eine oder andere davon in der nächsten Zeit Wirklichkeit wird. Dabei vergesse ich aber nicht das kleine Glück des Augenblicks zu genießen.

Meine Lieblingsmusik zu hören, während ich dies schreibe. Und auch das Schreiben selbst, weil ich es gerne tue. Sie werden jetzt vielleicht sagen, mir ist aber das Schreiben nicht gegeben. Ich will Ihnen aber auch gar kein Rezept zum glücklich sein anbieten.
Was ich anbiete ist: eine Einstellung.
Genieße das, was Du hast und das jeden Moment und ganz bewusst.

Den Mann oder die Frau, der/die vielleicht nebenan gerade abwäscht oder staubsaugt. Wie bewusst haben Sie ihn/sie heute schon wahrgenommen?

- den ihm/ihr eigenen Duft
- die Stimme
- den unvergleichlichen Gang
- die Fähigkeit, da zu sein und zuzuhören
- …

Und haben Sie das auch schon zum Ausdruck gebracht?

Auch wenn Sie keinen Partner haben, gibt es sicher viele kleine Dinge um Sie herum, die sie lieben und wahrnehmen können

- den Blick aus Ihrem Fenster
- die Menschen, die daran vorbeigehen
- den Gesang der Vögel
- die Blumen oder je nach Jahreszeit auch vielleicht der Schnee
- ein gutes Buch
- inspirierende Musik
- ein Telefonat oder Chat
- …

Nehmen Sie sie bewusst wahr. Das, so glaube ich, ist das Geheimnis des Glücks.

Tipp:
Was in Ihrem Leben inspiriert Sie am meisten? Geben Sie diesen kleinen Dingen Zeit und Raum. Nehmen Sie sie bewusst wahr. Seien Sie dankbar.

Innerer Frieden

Vor kurzem wurde ich in meinem Bekanntenkreis mit einem wirklich schrecklichen Ereignis konfrontiert. Sprachlos stand ich davor und wusste nicht, wie ich meinen eigenen Gefühlen Ausdruck verleihen und wie ich der Freundin helfen konnte, damit fertig zu werden.

Wahrscheinlich war schon der Ansatz falsch, denn mit dem Verstand ist es mir noch nie gelungen, solche Ereignisse zu begreifen. Sie erscheinen sinnlos, willkürlich und ungerecht. Der Verstand versucht es zu begreifen, zu analysieren, bewertet und dreht sich dabei doch immer weiter im Kreis.

Ein wenig Trost fand ich in einem Buch, wo darüber gesprochen wurde, wie auch unter der Oberfläche des aufgewühlten und stürmischen Meeres Tiefe Stille herrscht. Verbunden wurde dies mit dem Wunsch man möge diesen Frieden tief in sich finden.[5]

Tipp:

Bei allen Dingen, die Ihnen unverständlich und verstörend vorkommen, gehen Sie tief in ihr Inneres und finden Sie den Ort der Ruhe, den es in jedem von uns gibt, z.B. durch einen Spaziergang, Meditation oder etwas Anderes, von dem Sie wissen, dass es Ihnen Ihre innere Ruhe wiedergibt.

[5] Eileen Caddy, Herzenstüren öffnen, Greuthof

Glück ist ...

wenn du das tust, was du wirklich willst. So denke ich zumindest über Glück. Es gibt ja nun eine Menge Ratgeber zu diesem Thema, wie z.B. „Zum Glück“, „Glücklich leben“, „Das Glücksprinzip“, „Der Weg zum Glück“ - um nur einige zu nennen. Und wer jetzt denkt, die hätte ich alle gelesen, der irrt. Im Gegenteil - keinen davon.

Nicht, dass ich das generell für überflüssig halte oder irgendwen davon abbringen möchte. Nur denke ich, dass der Weg zum Glück einfacher ist und doch nicht damit getan ist, ein Buch zu lesen.

Wann fühle ich mich am glücklichsten? Wenn ich das tue, wo meine Talente am Besten zum Einsatz kommen. Wenn ich mit Menschen zusammen bin und zusammen arbeite, denen ich mich nahe fühle und die ähnliche Werte wie ich haben. Wenn ich Zeit mit mir selbst verbringe, z.B. beim Pilgern, um mich besser kennen zu lernen. Wenn ich mit anderen zusammen etwas Neues, hoffentlich Besseres, gestalten kann. Kurzum, wenn ich das tue, was ich selbst will, was mir Spaß macht, was ich mir wünsche.

Tipp:

Dazu können Sie zwei Dinge tun:

- herausfinden, was Ihre Talente sind und was Sie wirklich wollen
- es sich wünschen und diesen Wunsch in die Praxis umsetzen

Das hilft meines Erachtens mehr als jeder Ratgeber.

Fülle

Wenn ich in einem Buchladen ein Buch wie z.B. „Willkommen Fülle“ o.Ä. sehe, dann stelle ich mir meistens Dinge darunter vor, die mir nach meiner Meinung fehlen. Es geht also in meinen Gedanken oft darum, etwas haben zu wollen, was ich nicht habe oder mehr von etwas, das ich schon habe (z.B. mehr Geld, ein anderes Haus, ...). Und wenn ich merke, dass ich so über die Fülle denke, dann mache ich mir bewusst, dass Fülle viel mehr ist, als materielle Dinge und dass ich schon in der Fülle bin.

Ich habe eine Fülle von Zeit, mit der ich machen kann, was ich möchte. Natürlich brauche ich einen Teil davon, um meinen Lebensunterhalt zu verdienen und schon das kann ich auf eine Art tun, die mich erfüllt. Und in der restlichen Zeit kann ich eine Fülle weiterer Dinge tun:

- eine Tasse Tee trinken
- ein Buch lesen
- Musik hören
- mich mit Freunden treffen
- ...

Außerdem steht mir eine Fülle von Talenten und Erfahrungen zur Verfügung, aus denen ich täglich schöpfen kann und mit denen ich meine eigenes Leben und das meiner Mitmenschen bereichern kann. Die Fülle ist also schon da, ich muss sie mir nur bewusst machen und sie bewusst nutzen.

Tipp:

Was von den oben genannten Dingen besitzen Sie in Fülle? Was darüber hinaus noch?

Machen Sie sich jeden Tag etwas davon bewusst und seien Sie dankbar dafür. Dann werden Sie auch weiterhin Fülle haben.

Freundlichkeit

In einem Artikel, den ich kürzlich las, beschäftigte sich der Autor mit der Frage „Warum ist es so schwierig, freundlich zu sein?“ Allerdings war die Perspektive auf den Aspekt von Verkäufern eingeengt. D.h. es ging darum, warum der eine Verkäufer die gleiche Person kurz angebunden und von oben herab behandelt und der Andere freundlich, zuvorkommend und hilfsbereit. An diesem Artikel brachten mich gleich zwei Aspekte ins Stutzen.

Zum einen, dass Freundlichkeit so scheinbar ausschließlich in den Kontext von Verkaufen gestellt wurde, zum anderen, dass es relativ kategorisch als ziemlich schwierig dargestellt wurde, freundlich zu sein.

Persönlich denke ich, dass Freundlichkeit in ziemlich jedem Kontext hilfreich und angemessen ist, nicht nur beim Verkaufen. Ist es nicht ein schönes Gefühl, wenn man z.B. morgens in der Straßenbahn von einem wildfremden Menschen freundlich begrüßt oder angelächelt wird. Oder ist es nicht schön zu sehen, wie sich jemand, z.B. die Verkäuferin im Supermarkt, über eine freundliche Bemerkung oder ein „Danke“ freut.

Ich stutzte deshalb über die Schwierigkeit, freundlich zu sein, da es mir normalerweise nicht schwer fällt, freundlich zu sein. Das hängt damit zusammen, dass es mich nichts kostet, freundlich zu sein, und doch soviel positive Reaktion schafft (s.o.).

Am Besten einfach mal ausprobieren.

Tipp:

Seien Sie doch heute mal zu einem fremden Menschen freundlich, verschenken Sie ein Lächeln, einen Gruß oder ein Danke. Und freuen Sie sich selbst über die Reaktionen.

Das Geschenk

Ich bin vor ein paar Jahren fünfzig geworden und dies wurde auch gebührend gefeiert. Natürlich gab es auch Geschenke, über die ich mich ausnahmslos gefreut habe, doch das schönste Geschenk war ein wunderbarer Abend mit Freunden und viel Spaß, Singen und Tanzen.

Eines meiner Geschenke möchte ich doch eigens erwähnen, weil es meinen Blick auf das größte Geschenk (wieder) geöffnet hat. Es war eine Hör-CD mit dem Titel "Willkommen in der Fülle". Neben vielen anderen wichtigen Einsichten, wie wir selbst unsere Realität und damit auch Mangel oder Fülle schaffen, war ein Gedanke dabei, der mich besonders berührte. Der Redner fragte: "Wie wachen Sie morgens auf? Lassen Sie in Ihrem Kopf denken, etwa Dinge wie: hmh schon wieder so'n Tag voller Arbeit, wahrscheinlich auch wieder Stau auf der Autobahn usw.?" Solche Gedanken haben dann natürlich auch Folgen für den Verlauf des Tages.

"Oder fangen Sie selbst an zu denken? Etwa: Toll, schon wieder ein neuer Tag, ein komplett geschenktes Leben, mit all den tollen Sachen, die ich heut tun, sehen und erleben werde."

Ja, dachte ich bei mir, so will ich meine Tage ab sofort immer anfangen. Und nicht nur, dass die Tage seitdem wieder mehr Fülle haben. Auch Dinge, die ich zwar nicht als selbstverständlich, aber doch mehr oder weniger hingenommen habe, sind wieder voller. Zum Beispiel der Besuch bei meinen Eltern (beide sind schon über achtzig), mit dem Teilen von Bildern und Erinnerungen von der Feier und mit Gesprächen über Gott und die Welt (im wörtlichen Sinne, denn auch Spirituelles kommt dabei nicht zu kurz) war ein schönes Geschenk, das allein diesen Tag heute schon reich gemacht hat.

Tipp:

Freuen Sie sich doch heute schon beim Aufstehen darüber, diesen Tag geschenkt zu bekommen. Freuen Sie sich über Menschen, die Ihnen begegnen. Nehmen Sie die Dinge, die Sie tun und erleben, als einzigartiges Geschenk wahr, das Sie so nur heute erhalten.

Gestaltung

Häufig erlebe ich mich selbst in Situationen, die ich nicht selbst initiiert habe, im ersten Moment als Opfer. Ich denke, wieso passiert mir das? Und vielleicht fühle ich mich dann erst auch einmal hilf- oder sogar machtlos. Das bleibt aber nur so lange, bis ich mir bewusst mache, dass es immer etwas gibt, was ich selbst tun kann und dass es auch immer Wahlmöglichkeiten für mich gibt. Wenn ich also anfange nach diesen Möglichkeiten zu suchen, fallen mir auch welche ein und es entstehen Spielräume.

Gestalten Sie Ihren Alltag (?!)

Mir begegnen vor allem im beruflichen Umfeld täglich Menschen, die wiederholt klagen über

- die Umgebung im Büro
- die Kollegen
- die Arbeitsbedingungen (Zeitdruck, schlechte EDV-Systeme usw.)
- den Chef
- die Bezahlung
- mangelnde Anerkennung
- ...

Mit anderen Worten: Andere Personen oder sogar die „anonymen" Umstände werden für die eigene Situation und Befindlichkeit verantwortlich gemacht. Natürlich ist es so, dass es meistens andere Menschen gibt, die auf die o.g. Faktoren Einfluss haben und sie ändern könnten. Die Wiederholung der Klage zeigt ja aber, dass das anscheinend nicht passiert.

Die für mich nahe liegende Frage ist in einem solchen Fall: Welche Gestaltungsmöglichkeiten hat der Betroffene selbst und nimmt er sie wahr. Ich selbst folge dabei immer der Regel: Love it, change it or leave it. Da bei Jammern über etwas klar ist, dass jemand die Situation nicht liebt, wäre der nächste Schritt etwas zu ändern.

Insbesondere, wenn es um andere Personen geht (Kollegen, Chef, Partner, Freunde) ist die Einflussmöglichkeit praktisch null. Ich kann mich zwar zu den Personen irgendwie verhalten, ich kann sie aber nicht ändern. Was ich aber sehr wohl ändern kann, ist meine Einstellung, mein Umgang damit. In dem Motivationsbuch „Fish!" steht das sehr prägnant bezogen auf die Arbeit: „Selbst wenn Sie sich die Arbeit, die Sie tun, nicht aussuchen können, Sie können sich jeden Tag entscheiden, mit welcher Einstellung Sie sie tun." Niemand anders als Sie selbst kann diese Einstellung beeinflussen.

Und wenn ich nichts ändern will, bleibt mir immer noch das „leave it". Wobei auch das zwei Ausprägungen annehmen kann. Die erste wäre es so zu lassen, wie es ist, und es mit Gelassenheit anzunehmen. Die andere ist es wirklich hinter sich zu lassen, bewusst Abschied zu nehmen und den eigenen Weg beherzt weiter zu gehen.

Tipp:

Achten Sie doch heute einmal darauf, ob und über was Sie klagen oder sich beschweren. Und wenn Ihnen so etwas auffällt, fragen Sie sich:

- welche Einflussmöglichkeiten habe ich selbst auf diese Situation?
- wie kann ich anders damit umgehen?
- welche Möglichkeiten habe ich außerdem noch?
- was könnte/würde ich stattdessen lieber tun?

Und wenn Sie Antworten auf diese Fragen gefunden haben, tun Sie es auch!

Mut

In einem Magazin las ich kürzlich einen Artikel zum Thema Traute – ein altertümliches Wort für Mut oder Courage. Der Rat der Weisen, eine Gruppe betagter ehemaliger Führungskräfte aus Wirtschaft und Politik, hob darin den Wert der Courage in der Führung hervor. Der Tenor war, dass man nur mit dieser Tugend den Weg ganz nach oben schafft. Und das wurde dann auch illustriert mit Beispielen, wie dem jungen Mann, der als einziger von 9 Kandidaten in einem Assessment die Aktien der eigenen Bank nicht mit in seinem Portfolio hatte. Auf die Frage „Wieso?" antwortete er: „Weil ich die [Aktien] unseren Kunden derzeit nicht guten Gewissens empfehlen kann." In der Feedback Runde sagte einer der Manager dann, nur dieser Kandidat habe das Zeug zum Vorstand.

Auch ich selbst habe im Laufe meiner Karriere immer wieder Mut bewiesen und habe insbesondere meinen Vorgesetzten unangenehme Wahrheiten deutlich gemacht. Allerdings möchte ich auch darauf hinweisen, dass man sehr wohl situativ prüfen sollte, ob es in der jeweiligen Umgebung angebracht ist. In manchen Firmen wurde mittlerweile ein Führungsstil amerikanischer Prägung übernommen. Und dort ist ungefragter Einspruch von Untergebenen nicht nur gänzlich unbekannt, sondern auch komplett unerwünscht.

In einer solchen Kultur kann man mit Courage nicht punkten. Da ich aber der Meinung bin, dass Courage und Rückgrat auch wichtig für den eigenen Selbstwert sind, hilft in dieser Situation - also wenn man sich in einer Umgebung befindet, wo Widerspruch und Courage nicht erwünscht sind – wohl nur der Weg zu einem Unternehmen, das diese Eigenschaften zu schätzen weiß.

P.S: Schulz von Thun sagt, dass es immer 2 „Stimmigkeiten" gibt. Stimmig in sich selbst (authentisch) und stimmig zur Situation, in der ich mich befinde.

Tipp:

Sein Sie dort, wo es sich lohnt, mutig und prüfen Sie zuvor, ob Courage in dieser Situation und Umgebung auch angemessen ist.

Aussteigen? – Einsteigen!

In einem Magazin über Aussteiger sah ich vor Kurzem einen Bericht über Hans, einen 46-jährigen Aussteiger, der auf La Gomera in einer Höhle lebt. Nun ist es so, dass ich vor etwa einem halben Jahr im Urlaub an diesen Strand gewandert bin, um ihn mir anzusehen, und es so romantisch fand, dass ich mir sagte, das würde ich auch mal gerne für eine Woche machen. In dem Bericht wurde erzählt, dass Hans keine abgeschlossene Ausbildung hat, keine Sozialversicherung (und deswegen auch nur noch sechs Zähne) und auch keinen Cent, um von dort wieder wegzukommen. Und da wurde aus der Aussteigerromantik ganz schnell harte Realität.

Ich begann mir Fragen zu stellen. Was ist überhaupt Aussteigen und wann und warum tun wir es? Im normalen Leben steigen wir an einer Haltestelle aus (z.B. aus einem Verkehrsmittel), um irgendwo anzukommen. Wobei wir dort, wo wir ankommen entweder leben, arbeiten, etwas erledigen, jemanden besuchen usw. Nie ist das Aussteigen Selbstzweck, sondern immer Etappe auf dem Weg irgendwohin. Und meistens steigen wir wenig später wieder in das gleiche oder ein anderes Verkehrsmittel ein, um unsere Reise fortzusetzen.

Hier sehe ich auch die Parallele zum Leben. Wenn wir irgendwo/irgendwann einmal aussteigen, z.B. um eine Pause vom Alltag zu haben, dann doch für eine Zeit, um ein Stück Weg anders zurückzulegen, und danach wieder woanders einzusteigen. Das muss ja nicht heißen, dass danach alles genau so weitergeht wie zuvor, denn die Erfahrung der Auszeit nehmen wir ja auf den weiteren Weg mit. Aber nur, wenn wir den Weg auch fortsetzen.
Meine Form der Auszeit ist derzeit eine Pilgertour, die ich mir Etappe für Etappe einmal im Jahr eine Woche gönne, um mit diesen Erfahrungen, meinen Weg gestärkt fortzusetzen.

Tipp:
Wann hatten Sie zuletzt das Bedürfnis, einmal inne zu halten und sich eine Pause zu nehmen? Haben Sie es getan? Und falls nicht, wie wäre es, wenn Sie es jetzt tun? Was brauchen Sie noch dafür und wie können Sie es besorgen?

Flexibilität

Ein Axiom, das in Veränderungsprozessen sehr hilfreich ist, lautet:
„In einem System führt immer dasjenige Element, das am flexibelsten ist."
Für mich stellen sich in diesem Zusammenhang die folgenden zwei Fragen:
- Was bedeutet in diesem Kontext Flexibilität?
- Wie kann ich diese Flexibilität erreichen?

Wie ich denke, ist mit Flexibilität in diesem Zusammenhang gemeint, dass man über ein möglichst vielfältiges Verhaltensrepertoire verfügt. Und eben nicht, dass man sich bezogen auf die Situation nicht festlegt.

Ein vielfältiges Verhaltensrepertoire kann man z.B. dadurch erreichen, dass man immer wieder neue Dinge probiert. Natürlich nur dann, wenn das Verhalten, dass man bisher in einer Situation gezeigt hat, nicht erfolgreich war. Es geht als nicht darum, erfolgreiche Strategien zu verlernen, sondern neue Strategien dazuzulernen, für Situationen, in denen man bisher oft gescheitert bin. Nach dem Motto: „Wenn etwas nicht funktioniert, probier' etwas Anderes."

Des Weiteren ist es sinnvoll, die Auswahl, welche Strategie zu welcher Situation passt, durch Erfahrung immer besser zu kalibrieren. D.h. Flexibilität bedeutet für mich: „Wahlmöglichkeiten erhöhen und dann situativ die bestmögliche Wahl treffen." Wenn ich so mit der Zeit ein immer größeres Verhaltensrepertoire erwerbe, bei dem ich immer besser entscheiden kann, welche Strategie zu welcher Situation passt, werde ich immer öfter Situationen erfolgreich meistern können.
Unflexibel ist: Mit dem Kopf durch die Wand, und zwar immer an der gleichen Stelle!

Tipp:
Nehmen Sie sich diese Woche doch einmal eine Situation vor, bei der Sie schon häufiger mit dem gleichen unbefriedigenden Ergebnis herausgekommen sind. Und fragen Sie sich dann, woran es wohl gelegen hat. Was hat den Widerstand des/der Anderen hervorgerufen? Und welche Möglichkeiten gibt es, diesen Widerstand zu durchbrechen oder noch besser erst gar nicht hervorzurufen? Welche dieser Möglichkeiten stehen mir schon zur Verfügung? Und dann probieren Sie eine neue Möglichkeit aus.

Es kommt immer ...

Eine Bekannte sagte mir, nachdem etwas passiert war, was ihr wohl nicht so gefiel, „Es kommt immer nicht so, wie man möchte!“. Neben der naheliegenden Frage, ob das wirklich immer so ist, fallen mir dazu noch einige andere ein.

Ist ihr denn wirklich klar, was sie möchte (oder weiß sie nur hinterher, dass sie das, was eingetreten ist, nicht wollte)? Es ist eine Beobachtung – nicht nur von mir – dass viele Menschen sehr gut wissen, was sie nicht wollen, aber eben oft nicht, was sie eigentlich wollen.

Und selbst, wenn sie wirklich weiß, was sie will; was hat sie dafür getan, dass es so kommt, wie sie will. Hat sie überlegt, was sie dazu braucht, wer ihr helfen kann und was sie alles selbst unternehmen kann, damit es so kommt. D.h. die Frage ist: hatte sie einen Plan?

Zu einem Plan gehört natürlich auch, dass man überlegt, welche Schwierigkeiten und Hindernisse eintreten könnten. Dann kann man nämlich Vorsorge treffen und sich darauf einrichten, was man in diesem Fall tun wird, um die Schwierigkeit zu lösen.

Last – but not least – ist die entscheidende Frage: hat sie den Plan in die Tat umgesetzt, am Besten mit viel Herzblut? Dann würde es mich wundern, wenn es nicht so kommt, wie sie wollte.

Manche Menschen besteigen ein Pferd, ohne dass Sie reiten können. Und wenn das Pferd dann irgendwo hinläuft, behaupten Sie zum Schluss, genau da hätten Sie hin gewollt.

Tipp:
Damit das Pferd nicht irgendwohin läuft, setzen Sie sich Ziele (s.a. Frühling). Und beginnen Sie planvoll mit der Umsetzung, so als wollten Sie eine kleine Expedition angehen. Was brauche ich alles? Wo kann ich es besorgen? Auf welche möglichen Schwierigkeiten kann ich mich einstellen und wie? Und dann gehen/reiten sie los.

Das wird einfach!

Ein Bekannter macht gerade eine Weiterbildung, die kommunikative und personale Kompetenzen beinhaltet. Und natürlich wird im Rahmen der Gruppe auch geübt. Da die Gruppe einen geschützten Rahmen bietet, fällt ihm das einfach, weil das Vertrauen in der Gruppe hoch ist.

Kürzlich sagte er zu mir: „Das mit der Umsetzung in der Praxis wird dann bestimmt schwierig." Und ich sagte zu ihm: „Wenn du das so sagst und demnach auch daran glaubst, wird das bestimmt so sein, denn du programmierst dich ja gerade darauf, dass es schwierig ist. Wie wäre es, wenn du in der nächsten Zeit häufiger zu dir sagst – das wird bestimmt ganz einfach!"

Abgesehen davon, dass sein Unbewusstes dann auch erwartet, dass es einfach ist und er entsprechend mutiger ist, fällt es ihm mit dieser Haltung bestimmt auch leichter, den nächsten richtigen kleinen Schritt (erstmal im Freundeskreis, dann mit wohlgesinnten Kollegen usw.) zu finden, um nach und nach den Transfer in die Praxis hinzubekommen.

Wetten - Sie können das auch.

Tipp:

Nehmen Sie sich doch eines Ihrer Vorhaben und stellen Sie sich vor, wie Sie es schon umgesetzt haben. Erfreuen Sie sich an dem Gefühl des Erreichten. Und dann sagen Sie sich immer wieder: „Das war aber leicht!" Und mit diesem Gefühl gehen Sie ans Werk und zwar gleich.

Herbst

Veränderung

Was wäre das Leben ohne Veränderung? Langweilig. Ewiger Stillstand. Dazu fällt mir sofort die Szene aus „... und täglich grüßt das Murmeltier“[6] ein, wo Bill Murray jeden Morgen um dieselbe Zeit vom Radiowecker mit „I got you babe“ geweckt wird. Der ganze Tag wiederholt sich wieder und wieder, wie eine Endlosschleife. Würde Ihnen das wirklich gefallen?

[6] Original Titel: Groundhog day, Columbia Pictures Corporation, 1993

It's not time

… to make a change – sang Cat Stevens[7] schon vor über 40 Jahren. Und obwohl ich das Lied nach wie vor sehr mag, frage ich mich inzwischen, wie der Vater das wissen kann, wann es für seinen Sohn an der Zeit ist, sich (nicht) zu verändern. Ich jedenfalls kann das nicht für andere Leute entscheiden, nur für mich selbst.

Und da weiß ich, dass es an der Zeit für Veränderung ist, wenn eines von folgenden Dingen passiert

- ich fühle mich da, wo ich bin, nicht mehr als ganze Person wahr genommen und geschätzt
- eine oder mehrere meiner Kern-Fähigkeiten und –Interessen werden bei dem, was ich tue, nicht adäquat genutzt
- ich gebe mehr Kraft in das, was ich tue, als ich durch meine Arbeit erhalte

Wahrscheinlich gibt es noch viele Gründe, weswegen es mich nach Veränderung drängt. Und wenn dies der Fall ist, dann frage ich mich gleich, welche Möglichkeiten ich prinzipiell habe. Und als nächstes frage ich mich, welche dieser Möglichkeiten mich am stärksten anzieht und diese plane ich dann und setze sie um.

Klingt zu einfach? Ist es meistens nicht, aber auch ein Weg von 1000 Meilen beginnt mit dem ersten Schritt (chinesisches Sprichwort).

Tipp:

Nehmen Sie sich doch einmal Zeit für eine kleine Inventur. Schreiben Sie zuerst alle Fähigkeiten und Kompetenzen auf, die Sie besitzen und die Ihnen wichtig sind. Und natürlich auch alle „weichen" Faktoren, wie „mich gut fühlen, bei dem was ich tue", Anerkennung, Respekt, … Und dann überlegen Sie, ob diese Dinge zur Zeit in einem für Sie ausreichenden Maß in Ihrem Leben genutzt werden bzw. vorkommen. Und wenn dies in einem für Sie relevanten Umfang nicht der Fall ist, dann ist es Zeit für eine Veränderung. Dafür finden Sie an anderer Stelle in diesem Buch Anregungen zur Zielfindung und Umsetzung (s. Frühling und Sommer).

---

[7] Cat Stevens, Father and son, Album: *Tea for the Tillerman, 1970*

Vor'm letzten Change war alles anders

Nach meiner Erfahrung schauen viele Menschen bei Veränderungen aus der Vergangenheit auf die heutige Situation. Dabei bewerten sie das Heutige als das Andere und schauen oft auf das, was früher war, als das zu Bewahrende, Bessere, dem sie nachtrauern.

Ich möchte Sie dazu einladen, einmal die Perspektive zu wechseln und aus dem Heute auf das Vergangene zu schauen. Dadurch können Sie mehrere Dinge erreichen. Zum Einen wird die Vergangenheit zum Anderen. D.h. es wird klarer, dass die Veränderung bereits geschehen ist.

Denn Veränderungen sind ja oft auch ein längerer Prozess und geschehen nicht von heute auf morgen. Und mir fällt es bei dieser Art der Betrachtung auch leichter, das, was jetzt ist, als eine neue Möglichkeit zu akzeptieren. Natürlich ändert das nichts daran, dass dafür das Vergangene ganz oder teilweise aufgegeben werden musste. Für etwas Neues, muss ich oft Platz schaffen, indem ich auf etwas Anderes verzichte.

Und was ist, wenn die Veränderung ganz oder teilweise ohne mein Zutun geschehen ist? Wenn ich mich also gar nicht freiwillig verändert habe? Auch dann habe ich noch andere Möglichkeiten, als ausschließlich mit Trauer und Widerstand zu reagieren. Ich kann mir dann Fragen stellen, wie

- wie kann ich eventuell doch noch an der Gestaltung der Veränderung mitwirken?
- was an der Veränderung kann ich schon jetzt in mein Leben integrieren?
- welche Alternativen habe ich, z.B. im Beruf (wenn es eine Änderung in meinem Arbeitsumfeld war)?

Und mit solchen Fragen, lenke ich selbst meine Energie wieder in produktivere Bahnen.

Tipp:

Wenn Sie derzeit oder vor kurzem von einer Veränderung betroffen sind bzw. waren und sich noch nicht damit anfreunden konnten, stellen Sie sich doch einmal die oben genannten Fragen. Und bei dem Widerstand, den Sie in Bezug auf diese Veränderung spüren, fragen Sie sich, was ist mir am bisherigen so wichtig, dass ich es nicht/oder nicht ganz aufgeben möchte? Gibt es eine Möglichkeit, das Neue zu akzeptieren und das Andere, das mir wichtig ist, mitzunehmen? Falls es sich bei diesem Wichtigen um einen Ihrer Grundwerte handelt, bleibt Ihnen wahrscheinlich nichts Anderes übrig als die Situation ganz zu verlassen, denn unsere Grundwerte wollen wir normalerweise nicht aufgeben. Dann ist es Zeit für eine möglicherweise noch größere Veränderung.

Das leere Selbst

In einem Buch über Karate schreibt der Autor:[8]

Leere ist nicht angreifbar,
und aus dem Nichts
kann man nicht angreifen.

Was will er wohl damit ausdrücken? Welche Leere ist damit überhaupt gemeint?
Ich drehe die Frage zunächst mal rum: Was fühlt sich denn normalerweise angegriffen? – Unser Ego. Das, was wir als wichtig und richtig empfinden, das, was wir zu unserem Popanz erhoben haben (z.B. Meinungen, Weltanschauungen, Auto, Geld, Status, Aussehen, ...). Und wenn sich jemand (aus unserer Sicht) abfällig darüber äußert oder eines dieser Dinge (scheinbar) angreift, beschädigt oder zerstört, dann fühlen wir uns schnell angegriffen und reagieren mit Aggression.

Was könnte passieren, wenn wir diese Dinge nicht mehr so wichtig nehmen oder sie sogar ganz aus unserem Denken entfernen? Je mehr wir uns von Wünschen, Obsessionen, Meinungen usw. befreien, desto ruhiger werden wir.

Nehmen wir z.B. das Aussehen. Wenn mir das wirklich nichts mehr bedeutet, dann kann mich auch eine Bemerkung über mein Gewicht, meine Nase, ... nicht mehr treffen. Sie geht durch mich hindurch als wäre da nichts. Und weil da nichts mehr ist, was angegriffen werden kann, brauche ich auch nicht zu reagieren.

Aus dem Nichts kann man nicht angreifen.

Tipp:
Nehmen Sie doch einmal einen der Punkte, über die Sie sich besonders leicht aufregen. Fragen Sie sich, weswegen Sie sich so echauffieren? Und dann geben Sie diesem Punkt einmal eine neue Bedeutung. Zum Beispiel können Sie sich mehrmals täglich sagen „Mein Gewicht ist vollkommen ohne Bedeutung!“ Und beobachten Sie, wie Sie im folgenden reagieren.

---

[8] T. Webster-Doyle, Karate- Die Kunst des leeren Selbst, W. Kristkeitz Verlag

Dein Gefängnis

In einem meiner Lieblingslieder singen die Eagles die folgende Zeile:[9]
„... your prison is walking through this world all alone...".

Für mich drückt das eines der Urthemen des Menschen auf verblüffend einfache Art aus. Wir sind Gefangene unserer eigenen Bedürfnisse und Fixierungen. Die Dinge, an die wir unser Herz gehängt haben, sind es, die uns gefangen nehmen. Seien es Besitz (Auto, Haus, Boot, ...), Menschen (Frau, Freundin, ...), Eigenschaften (Intellekt, Aussehen, Kraft, ...) oder was immer Sie möchten.

Ein bekannter Coach kommentierte das einmal wie folgt:
Na ja - kann so sein, muss es aber nicht. Gefängnis klingt nicht nach selbst gewählt, selbstbestimmt, selbstständig, sondern eher nach "na ja, wusste es nicht besser, mir fällt nichts Neues ein, habe auch keine Lust, aus meiner Komfortzone herauszukommen."

Aber all das Beschriebene kann ja auch Bereicherung, Reichtum, Quelle der Kraft oder Ort der Besinnung und Entspannung sein. Egal, ob jetzt der eigene Garten oder die Frau. Geht es nicht eher darum, dass man sich bewusst die Freiheit nimmt, zu entscheiden. Und da stimme ich zu: Man sollte jederzeit bereit sein, all das loszulassen, was nicht benötigt wird zum eigenen Wohlbefinden, zum eigenen Glück.

In den respektvollen Grenzen der Verantwortung, die man übernommen hat. Es gibt genug Väter, die Kinder zeugen und sich dann aus dem Staub machen.

Tipp:
Und was ist nun die Lösung? Nun sie ist ebenso simpel, wie sie manchmal schwierig durchzuführen ist. Loslassen. Darin steckt die gleiche Wurzel: Los. Loslassen, lösen, (Er-) Lösung.
Probieren Sie das doch einmal aus, wenn Sie sich in Situationen nicht frei fühlen zu entscheiden. Lassen Sie das los, was Sie behindert. Und dann suchen Sie nach Optionen und entscheiden sich verantwortungsvoll neu.

„Freedom's just another word for nothing left to loose". (J. Joplin)[10]

---

[9] The Eagles, Desperado, Album: Desperado, 1973
[10] Janis Joplin, Me and Bobby Mc Gee

Glauben Sie auch nur das, was Sie sehen?

Es gibt einen Satz aus dem neuen Testament, den ich bisher nur wörtlich genommen habe. Jesus sagt zu dem ungläubigen Thomas (der erst glaubt als er seinen Finger in die Wunde von Jesus legen kann): „Selig sind die, die nicht sehen und dennoch glauben." Bisher habe ich das immer so verstanden, dass es darum geht, an Jesus zu glauben, auch wenn man ihn nie gesehen hat.

Jetzt hat sich mir bei der Lektüre eines Buches noch eine ganz andere Bedeutung erschlossen. Dazu möchte ich Sie zunächst fragen: gehören Sie eigentlich zum Stamm der IGEWIES oder zu dem der ISEWIEG. Ach so:
IGEWIES – Ich glaube es, wenn ich es sehe
ISEWIEG – Ich sehe es, wenn ich es glaube.

Einer meiner besten Freunde gehört, glaube ich, zum erstgenannten Stamm. Er ist äußerst realistisch und kritisch und steht mit beiden Beinen auf der Erde. Was aber ist mit der zweiten Art. Diese Menschen (und ich gehöre meistens dazu) glauben, dass die Welt ein Ort voller Kreativität und schöpferischer Kraft ist. Es kommt nur darauf an, dass man sich etwas genügend wünscht und vorstellen kann und dann kann es Realität werden.

Oder um es mit E. Schrödinger (1887-1961, österreichischer Physiker) zu sagen: „Die Welt eines jeden Menschen ist und bleibt immer eine Konstruktion seines eigenen Geistes und hat keine nachweisbare andere Existenz". [11]Auf den ersten Blick mag das ernüchternd klingen. Auf den zweiten aber ist das eine sehr verheißungsvolle Aussage. Jeder von uns erschafft seine eigene Realität – jeden Tag ein bisschen mehr. Und wäre es da nicht besser an die Dinge zu denken, die wir wirklich in unserem Leben haben möchten und sie damit Realität werden zu lassen.

Selig sind die, die (noch) nicht(s) sehen und dennoch glauben. Glauben Sie, dass ein Leben voller Fülle auf Sie wartet? Ich schon.

Tipp:

Beobachten Sie sich doch einmal ein paar Tage lang, wie oft Sie denken oder sagen: „Ich glaube nicht, dass das möglich ist, weil ...". Und fragen Sie sich dann bitte, was wäre, wenn es schon Realität ist? Und wie bin ich/sind wir zusammen dahin gekommen? Und verfolgen Sie diese Gedanken weiter.

---

[11] Quelle nicht mehr bekannt

Lösungen und Ressourcen

Immer wieder höre und beobachte ich, wie oft viele Menschen sich auf Probleme und Fehler konzentrieren und so ihre Energie einseitig fokussieren. Das hat dann zur Folge, dass man den „Wald vor lauter Bäumen", also mögliche Lösungen vor lauter Problemen kaum noch wahrnimmt, abgesehen davon, dass sich diese Menschen meist auch belastet fühlen.

Ich will ja gar nicht abstreiten, dass ein Verständnis des Problems/Fehlers notwendig ist, um nach sinnvollen Lösungen zu suchen. Doch sobald ein ausreichendes Verständnis da ist, fange ich sofort an nach möglichst vielen Möglichkeiten zu suchen, was ich anders machen kann.

Vielleicht frage ich mich auch, wie haben sich andere, die ich kenne oder von denen ich weiß, in einer solchen Situation verhalten? Welche sinnvollen Wege und erste Schritte gibt es, um die Sache anzupacken?

Und dann überlege ich, welche Ressourcen (Eigenschaften, Kenntnisse, Erfahrungen, Menschen, …) stehen mir dazu zu Verfügung? Und wie kann ich diese in der Situation nutzen? Und weiter: Welche Ressourcen brauche ich noch zusätzlich und wie kann ich mir diese zugänglich machen?

Auf diese Weise ist eine geeignete Lösung meist schnell gefunden.

Tipp:

Wenn Sie das nächste Mal vor lauter Problemen scheinbar nicht wissen, wo Sie anfangen sollen, nehmen Sie sich einen kleinen Moment der Ruhe, atmen Sie tief durch und nehmen Sie das erste der Themen, das Ihnen einfällt, und stellen Sie sich die o.g. Fragen.

Andere Wirkung, gleiche Ursache

In meiner Coaching Praxis stoße ich immer wieder auf ein Phänomen, das mich zwar nicht überrascht, die zu coachenden Personen aber schon. Um was geht es. Häufig kommt es vor, dass der Klient in der einen Stunde mit einem Problem kommt und sich dafür im Laufe der Stunde eine bestimmte Ursache herauskristallisiert. Und häufig ist das auch ein Thema, das der Klient schon aus anderen Zusammenhängen kennt. Mit entsprechenden Vorschlägen ausgestattet, was zu tun ist, zieht der Klient fröhlich von dannen und löst das Problem. Meist sind dann auch in der nächsten Stunde Erfolge zu berichten und eine Entspannung der Situation.
Und dann in einer der folgenden Stunden kommt ein ganz anderes Problem auf den Tisch. Wir analysieren es gemeinsam und nähern uns dem Kern. Siehe da: Die Ursache kennen wir doch. Die hatten wir doch schon mal. Und der Klient dachte, er hätte sie schon überwunden. Auch dieses Mal gibt es Vorschläge, Erfolge und Entspannung. Uns so könnte das jetzt weitergehen, würde der Coach sich mit dem Klienten nicht auf die Suche nach dem Thema hinter dem Thema machen. Und das ist meist ein tief verwurzelter Glaubenssatz über das, was man tun muss oder nicht tun darf. Und hier beginnt dann die eigentliche Arbeit der Veränderung.

Tipp:

Wenn Sie trotz aller guten Vorsätze, immer wieder in ein bestimmtes Verhalten zurückfallen, fragen Sie sich doch einmal, was ist es, was sie darüber denken, wie die Welt oder sie selbst zu sein hat oder wie man sich auf keinen Fall verhalten darf, weswegen sie das immer wieder tun.

Beispiele für hinderliche Glaubenssätze sind etwa:

- Sei vernünftig
- Denke nicht (denken macht hässlich)
- Lass es (tu`s nicht, keine Experimente)
- Sei nicht (sei nicht wichtig, sei nicht Du selbst, sei nicht albern, sei nicht glücklich, sei nicht Dein Geschlecht, sei wie eine andere Person...)
- Sei angepasst (Bloß kein Ärger)
- Fühle nicht (fühle nicht bestimmte Gefühle/ein Indianer kennt keinen Schmerz)
- Sei nicht gesund
- Sei nicht nahe (lass nie wieder zu, dass...)
- Werde nicht erwachsen
- Schaffe es nicht (Du kannst das noch/doch nicht)

Beispiele für förderliche Glaubenssätze wären dagegen:

- Ich kann auch mal spontan sein
- Die Gedanken sind frei
- Probieren geht über Studieren
- Ich kann so bleiben wie ich bin; Ich darf …
- Ich bin wie ich bin
- Meine Gefühle sind mir wichtig
- Ich bin gesund, stark, vollkommen, glücklich, …
- Ich kann Nähe zulassen; ich kann in Beziehungen gut für mich sorgen
- Ich kann für mich selbst Verantwortung übernehmen
- Ich kann alles schaffen, was ich wirklich möchte

Und dann suchen Sie sich bitte einen Satz aus, den Sie in der Zukunft glauben möchten. Sie glauben nicht, dass das geht? Dann gehen Sie doch noch einmal zu „Glauben Sie auch nur das, was Sie sehen?“ zurück.

Überraschende Wendungen

In dem Buch „Der Dreh“ von Steve de Shazer wird an einer Stelle die Frage gestellt: “Wie kommt es, das schon die Vorstellung einer Lösung oder des Lebens nach Lösung des Problems tatsächlich zu einer Lösung führt?“[12]. Und natürlich werden im weiteren Verlauf des Buches die Methode und der Prozess der hinter dieser überraschenden Erfahrung steht genauer beschrieben.

Ich will dennoch an dieser Stelle meine Antwort auf diese Frage mitteilen. Zunächst aber möchte ich zwei Nebenbedingungen nennen, die nach meiner Meinung notwendig sind, dass die verblüffende Erfahrung in der oben gestellten Frage auch eintritt.

Erstens: Die Person, die das Problem hat, muss die phantasierte Lösung auch für umsetzbar halten. Das kann dadurch möglich sein, dass die Lösung schon ein- oder mehrmals spontan in der Vergangenheit gelungen ist (Ausnahme); oder dadurch, dass sie eine einfache Verhaltensänderung beinhaltet, die man fast zufällig herbeiführen kann (z. B. Münze werfen).

Zweitens: Die phantasierte Lösung muss für die Person, die das Problem hat, attraktiv sein. D.h. sie muss eine Zukunft beschreiben, die für den jeweiligen Problemträger eine positive Vorstellung beinhaltet.

Wenn beides der Fall ist, dann glaube ich, dass die Fokussierung der persönlichen Aufmerksamkeit und Energie auf diese mögliche Zukunft, ihr Eintreten viel wahrscheinlicher macht und voilá so geschieht es dann meistens auch.

Tipp:

Wenn Sie das nächste Mal nach einer Lösung zu einem Problem suchen und Ihnen spontan nichts einfällt, fragen Sie sich doch, ob es in der Vergangenheit schon einmal anders war und sich besser angefühlt hat. Und dann tun Sie mehr davon. Wenn Ihnen nichts Derartiges einfällt, überlegen Sie sich zwei Möglichkeiten, wie Sie sich verhalten können und werfen eine Münze. Auf jeden Fall wünsche ich Ihnen, dass Sie etwas Neues probieren.

---

[12] Steve de Shazer, Der Dreh, Carl-Auer

Enttäuschungen

In einer Umfrage unter Jugendlichen in unserer örtlichen Tageszeitung zählte eine der Befragten als Out „Enttäuschungen“ auf. Das fand ich schade und sogar ein bisschen erschreckend. Jetzt fragen sich viele vielleicht, wieso denn das, Enttäuschungen mag doch eigentlich niemand? Wieso denn dann du?

Nun, ich sehe Ent-täuschungen als das, was in den beiden Wortbestandteilen zum Ausdruck kommt. Und die Vorsilbe „Ent-„ bedeutet ja immer, dass etwas weggenommen wird, was vorher da war (siehe z.B. ent-rümpeln, ent-schleunigen). Das bedeutet dann also, dass jede Enttäuschung die Wegnahme einer vorhandenen Täuschung ist, die vorher da war.

Sei es nun, dass ich mich über mich selbst, über jemand Anderen oder eine einfache Tatsache getäuscht hatte. Nach der Enttäuschung sehe ich klarer. Ich weiß jetzt z.B. besser über mich selbst Bescheid oder eben über den anderen Menschen, in dem ich mich getäuscht hatte. Und der letzte Satz bringt ja auch ganz klar zum Ausdruck, wo die Ursache liegt. Ich habe mich getäuscht – nicht der Andere.

Er ist so wie er ist. Nur ich konnte oder wollte das bislang nicht so klar sehen. Und jetzt kann ich es doch. Darüber freue ich mich, denn auf Klarheit aufbauende Beziehungen sind viel tragfähiger.

Tipp:

Wenn Sie das nächste Mal von etwas enttäuscht sind, fragen Sie sich

- Welche meiner Erwartungen wurde hier nicht erfüllt?
- War diese Erwartung überhaupt angemessen?
- Ist der Andere überhaupt dafür verantwortlich (oder doch ich selbst)?
- Was weiß ich jetzt über mich und den Anderen, was ich vorher nicht wusste?
- Wie kann mir das in der Zukunft nützlich sein?

Gestaltung

Schwierige Entscheidungen

Geht es Ihnen manchmal auch so, dass Sie selbst um einfache Dinge zu entscheiden, wie z.B. was ziehe ich heute an, minutenlang brauchen und sich geradezu quälen, bis diese und andere Entscheidungen getroffen sind? Haben Sie sich schon einmal gefragt, was passieren würde, wenn Sie aufhören würden, solche Entscheidungen (bewusst) zu treffen? Glauben Sie die Erde würde stehen bleiben oder zumindest Ihr Leben würde nicht mehr weiter gehen?
Weil Sie nichts anziehen würden, würden Sie nicht zur Arbeit gehen, kein Geld mehr verdienen, usw.
Ich kann Ihnen versichern, nichts von Alledem ist der Fall.
Denken Sie doch z.B. mal darüber nach:

- Wann habe ich mich entschieden, den Atemzug zu tun, den ich gerade tue?
- Wann, den Gesichtsausdruck aufzusetzen, den ich gerade habe?
- Wann, die Körperhaltung einzunehmen, in der ich mich gerade befinde?
- ...

Ach so, Sie haben das gar nicht bewusst entschieden und doch ist es so.

Tipp:
Wie wär's, wenn Sie das nächste Mal, wenn Sie eine scheinbar schwierige Entscheidung treffen müssen, einfach aufhören darüber nachzudenken und sich stattdessen in die Position eines neugierigen Beobachters begeben? Lassen Sie sich überraschen, was passiert. Und viel Spaß beim Experimentieren.

Platz schaffen (Sperrmüll)

Eine Freundin schrieb mir kürzlich, dass eine wichtige Voraussetzung für etwas Neues sei, Platz in seinem Inneren zu schaffen, in dem man alte Gewohnheiten und Überzeugungen ablegt. Nur dann sei es leicht möglich, sich auf Neues einzulassen.

Ich denke, dass das individuell sehr unterschiedlich ist. Denn manche Menschen möchten die Sicherheit des Vertrauten nicht aufgeben, wenn sie sich schon in eine neue, unbekannte Zukunft aufmachen. Und für diese wäre es kontraproduktiv, die oben genannte Vorbedingung aufzustellen, denn dann würden sie es erst gar nicht probieren.

Mein Vorschlag ist, dass man die alten Fähigkeiten und Strategien behält, so dass man im Notfall noch darauf zurückgreifen kann. Das gibt Sicherheit und macht es einfacher, sich auf Neues einzulassen.

Und dann kann man natürlich neue Sichtweisen, Fähigkeiten und Strategien ausprobieren. Und wenn sie funktionieren hat man beim nächsten Mal mehr Möglichkeiten, aus denen man auswählen kann.

Tipp:

Teilen Sie ein Blatt Papier in zwei Spalten und schreiben Sie links alle Sätze auf wie "das kann/darf ich nicht" und Sätze wie „man muss (immer) …". Dann aktivieren Sie den TÜV-Beamten in sich und seien Sie dabei sehr kritisch. Spüren Sie Kraft, wenn Sie den Satz denken, oder nimmt er Ihnen Kraft? Die Sätze, die Ihnen Kraft geben und die Sie behalten möchten, kopieren Sie auf die rechte Seite. Bei den anderen überlegen Sie sich bitte, was Sie stattdessen ab jetzt viel lieber über sich selbst und die Welt glauben möchten (falls Sie Anregungen möchten, siehe oben bei „Andere Wirkung, gleiche Ursache"). Dann knicken Sie die linke Hälfte nach hinten weg und hängen die ab jetzt wichtigen Sätze an einen Platz, wo Sie sie wenigstens ein Mal täglich sehen.

Er kann nicht klagen – ich möchte gar nicht klagen

Neulich traf ich einen ehemaligen Kollegen und er antwortete auf meine Frage, wie es ihm gehe mit „Ich kann nicht klagen". Auf eine weitere Nachfrage änderte er es dann in „Eigentlich ganz gut". Ich verzichtete auf weitere Nachfragen, was genau denn „eigentlich" heißt und ging nach kurzem Smalltalk meiner Wege.

Zurück blieb die Frage, was Mitmenschen dazu veranlasst, erst einmal ziemlich negativ „ich kann nicht klagen" über eine grundsätzlich positive Situation zu sprechen? Eine Antwort darauf, weswegen insbesondere wir Deutschen das so gerne zu tun scheinen, habe ich nicht. Einen Hinweis finde ich höchstens im Sprichwort „Geteiltes Leid ist halbes Leid". Nur haben wir es in dieser Situation ja gar nicht mit einer leidvollen zu tun, sondern eher mit einer, die vielleicht noch etwas besser sein könnte.

Der Kern liegt wahrscheinlich darin, ob das Glas halb leer oder halb voll ist. Für mich eher das Letztere. Und wenn ich möchte, dass auch die andere Hälfte wieder voll wird, dann fange ich an mir Gedanken zu machen, was geschehen muss, damit das so ist. Und dann frage ich mich als Nächstes, was ich dazu tun kann, damit das geschieht, denn ich möchte gar nicht klagen und darauf warten, dass jemand anders meine Situation verbessert.

Die für mich beste Strategie ist, wenn ich mein Schicksal in eigene Hände und Verantwortung für mich selbst übernehme.

Tipp:
Bitten Sie doch Ihre Umgebung (Familie, Freunde, ...), Sie in den nächsten Tagen darauf hinzuweisen, wenn Sie auf oben gestellte Fragen genauso oder ähnlich antworten. Und dann nehmen Sie die fragliche Situation doch noch einmal unter Augenschein, in dem Sie den Blickwinkel ändern auf „das Glas ist halb voll". Was ändert sich für Sie dadurch? Wie fühlt es sich an? Und falls halb voll Ihnen nicht reicht, dann können Sie sich ja auch die oben genannten Fragen noch stellen, um das Glas noch mehr zu füllen.

Ressourcen

Im Gespräch mit einer Bekannten ist mir noch einmal bewusst geworden, was eine mögliche Ursache dafür ist, dass manche Mitmenschen nicht so gerne glasklare Rückmeldungen erhalten. Diese mögliche Ursache liegt darin, dass diese Personen viele Eigenschaften, die sie nun mal haben, als schlecht, unangenehm, etc. empfinden.

Zum Beispiel wird ihnen gesagt, dass sie oft nerven, und da sie nicht nervig sein wollen, halten sie das für eine unangenehme Eigenschaft von sich selbst. Nun ist aber nicht das Verhalten an sich nervig, die Anderen empfinden es eben so. Es könnte ja sein, dass die als nervig apostrophierte Person sehr hartnäckig nachfragt, wenn jemand eine Frage nicht beantwortet oder immer wieder kommt, wenn sie vertröstet wurde.

Das empfindet der Andere als nervig, obwohl das eigentliche Verhalten sogar produktiv ist, nämlich um eine Situation zu klären. Das heißt, dass das Verhalten an sich im richtigen Kontext und auf die richtige Art angewandt eigentlich eine Ressource darstellt. Und so frage ich mich inzwischen immer öfter, wenn ich ein Feedback als unangenehm empfinde, was das dahinter liegende Verhalten von mir für Möglichkeiten beinhaltet.

Tipp:

Welche Eigenschaften oder Rückmeldungen sind Ihnen denn besonders unangenehm? Können Sie sich wirklich keine Situation vorstellen, in der das nützlich/brauchbar sein könnte? Falls ja: Wie und in welcher Situation können Sie es produktiv einsetzen? Und dann setzen Sie es künftig situativ besser ein und haben damit eine neue Ressource gewonnen. Falls nein, können Sie ja jemanden der diese Eigenschaft im Übermaß hat einmal fragen, wozu es ihm am meisten nützt.

Winter

Achtsamkeit

Wenn wir uns und die Umstände, in denen wir leben, verändern wollen, ist es auch besonders wichtig, zunächst einmal achtsam mit sich selbst und den Mitmenschen umzugehen. Dazu habe ich im Folgenden einige Anregungen aufgeschrieben.

Ehrlich zu sich selbst

Viele Menschen, denen ich begegne, hinterlassen bei mir den Eindruck oder äußern sogar mehr oder weniger offen, dass sie mit Teilen ihres Lebens oder ihrem Leben generell nicht zufrieden sind. Ich möchte sie dann gerne fragen:

- Wovon träumst Du denn oder hast Du früher geträumt?
- Was möchtest Du noch unbedingt tun?
- Welches ungeklärte Thema mit Freunden, Bekannten, Kollegen, etc. aus der Welt schaffen?

Und

- Was musst Du dafür tun? Jetzt!
- Was musst Du dafür noch lernen und wie?

Natürlich auch

- Was ist der Preis?
- Was musst Du eventuell dafür aufgeben? Welche Sicherheit? Welche Bequemlichkeit?

Menschen, die plötzlich gesagt bekommen, dass sie nur noch kurze Zeit zu leben haben, stellen sich diese Fragen nicht nur, sondern handeln in aller Regel danach. Und der Preis spielt dabei meist auch keine Rolle mehr.

Tipp: Trauen Sie sich doch, ehrlich zu sich selbst sein. Und stellen Sie sich selbst die oben genannten Fragen.

Zanshin im Alltag

Zanshin (jap. balancierter Geist), ein Begriff aus den japanischen Kampfkünsten, bedeutet übertragen „Wachsamkeit“ und beschreibt einen Zustand, in dem man mit Energie gefüllt ist, um einerseits auf plötzliche Veränderungen reagieren, aber darüber hinaus auch zur Ausgangsstellung „dem eigenen Ursprung“ zurückkehren zu können. In diesem Zusammenhang fragte uns unser Karatelehrer kürzlich, welches die wichtigste Technik ist. Die Antwort ist: die Nächste.

Was kann mir das für meinen Alltag in Beruf, Freundeskreis, Familie, usw. sagen. Das, was ich als nächstes tue, ist immer das Wichtigste. Die Arbeit, das Gespräch oder was es auch ist, verdient meine volle Aufmerksamkeit. Das bedeutet, das ich nicht während dieser Tätigkeit mit den Gedanken zurückschweife, zum letzten Erfolg, der letzten Demütigung, einem verpatzten Golfschlag oder was auch immer Energie von mir abziehen will. Auch lasse ich mich nicht von Träumereien für die Zukunft ablenken. Ich brauche meine volle Energie und Aufmerksamkeit im Hier und Jetzt, damit ich meine Sache gut machen kann.

Damit will ich nicht sagen, dass es nicht nützlich ist, ab und zu die Vergangenheit zu betrachten um zu lernen, was ich beim nächsten Mal besser machen kann. Das sollte aber eine eigene Tätigkeit sein, für die ich mir Zeit und Ruhe nehme und die dann meine volle Aufmerksamkeit hat. Genauso ist es sinnvoll, Visionen und Pläne für die Zukunft zu haben. Aber eben nicht indem die Gedanken z.B. zum nächsten Urlaub oder Projekt schweifen, während ich etwas anderes tue. Sondern indem ich auch dies in Ruhe und mit Wachsamkeit tue.

Was immer es ist, die nächste “Technik”, das kann sein ein Gedanke, ein Schritt, etc. ist die Wichtigste.

„Ja“ meint eine Freundin, das sagt mein Trainer auch immer, und er hat recht, wenn die "jetzige" Technik zu Ende ist, aber nicht vorher. Trotzdem stellt sie fest (und nimmt sich davon nicht aus), dass wir viel zu schnell das "Nächste" im Kopf haben. Und dann ist ihr noch die folgende Geschichte wieder eingefallen:[13]

Ein Zen-Mönch wurde einmal gefragt, warum er trotz seiner vielen Beschäftigungen immer so gesammelt sein könne. Er antwortete:

[13] siehe z.B. www.esoterium.de/article.php?sid=91*; (Datum: 16.9.11); Quelle: unbekannt*

Wenn ich stehe, dann stehe ich
Wenn ich gehe, dann gehe ich
Wenn ich sitze, dann sitze ich
Wenn ich esse, dann esse ich
Wenn ich spreche, dann spreche ich

Da fiel ihm ein Schüler ins Wort und sagte:
„Das tue ich auch, aber was machst du noch darüber hinaus?"

Er antwortete erneut:
Wenn ich stehe, dann stehe ich
Wenn ich gehe, dann gehe ich
Wenn ich sitze, dann sitze ich
Wenn ich esse, dann esse ich
Wenn ich spreche, dann spreche ich

Wieder sagte der Schüler:
„Das tue ich auch!"
Er aber sagte zu ihm:
„Nein,
wenn du sitzt, dann stehst du schon
wenn du stehst, dann läufst du schon
wenn du läufst, dann bist du schon am Ziel."

Tipp:
Beobachten Sie sich doch einmal eine zeitlang selbst, wenn Sie gerade etwas konzentriert arbeiten, mit jemandem reden, Essen, sich entspannen... Und dann achten Sie doch bitte darauf, ob diese „Tätigkeit" auch Ihre volle Aufmerksamkeit hat. Falls nicht, nehmen Sie sich einen Moment Zeit aufzuschreiben, was es ist, das Ihre Gedanken ablenkt. Und dann konzentrieren Sie sich wieder auf das, was Sie eigentlich tun. Den Dingen, die Sie aufgeschrieben haben, können Sie sich anschließend einem nach dem Anderen zuwenden.

Wer bin ich (wirklich)?

Als Kinder und Jugendliche wurden wir von unserer Umwelt, d.h. Freunden, Bekannten, Eltern, Lehrern, usw., sicher oft für Dinge gelobt oder belohnt, die dieser angenehm und richtig vorkam. Umgekehrt wurden wir getadelt oder bestraft für Dinge, die ihnen nicht gefielen und falsch vorkamen. Vielleicht haben Sie deshalb auch noch heute Verhaltensweisen kultiviert, die diesen fremden Vorstellungen entsprechen und gar nicht aus Ihren eigenen Wünschen und Wertvorstellungen kommen. D.h. Sie tun viele Dinge nur deshalb, weil Sie glauben, dass Sie damit besser in Ihrer Umgebung ankommen.

Sind Sie damit glücklich? Und was sagt Ihr „inneres Kind“ dazu? Oder haben Sie den Kontakt zu diesem verloren und hören seine Stimme und Wünsche schon gar nicht mehr? Welche Wünsche und Träume gibt es, die Sie noch nicht realisiert haben? Was würden Sie gerade am liebsten tun, wenn es keine Sachzwänge gäbe? Welche Aufgabe in Ihrem Leben ist noch nicht erfüllt?

Tipp:

Suchen Sie sich einen ruhigen Ort. Das kann das eigene Wohnzimmer, eine Kirche, auf einem Spaziergang, usw. sein. Verbringen Sie dort öfter Zeit nur mit sich. Ich wünsche Ihnen, dass Sie dadurch in einen guten Kontakt zu Ihrem „inneren Kind“ kommen und sich viele Anregungen daraus ergeben.

Jetzt weiß ich, wer ich bin

...sagte gestern ein Radiohörer, nachdem ihm ein Spezialist über die Herkunft seines Nachnamens aufgeklärt hatte. Aha, dachte ich mir, so einfach ist das also. Und viele Menschen wünschen sich wohl auch, dass es so einfach wäre: Jemand sagt mir etwas über mich und dann weiß ich Bescheid. Leider ist es oft nicht so einfach.

Natürlich ist Feedback von anderen Menschen wichtig, damit ich nicht auf Dauer in meinen Wahrnehmungen, die ja auch nur meine Sicht der Realität abbilden, allein stecken bleibe. Hilfreich ist es aber nur, wenn ich es selbst in Bezug zu mir setze. D.h. ich kann mich fragen:

- Ist es relevant für mich, insbesondere im Hinblick auf die Ziele, die ich habe?
- Was sagt es mir über mich?
- Wie kann es mich in meiner Entwicklung voranbringen?

Dabei kann es sich aber nicht um einfache Äußerlichkeiten, wie die Herkunft meines Namens handeln. Für mich persönlich ist Feedback dann relevant, wenn es sich um meine Einstellungen, um Dinge, die ich tue oder sage, oder meine Gefühle handelt.

Tipp:

Fragen Sie doch aktiv nach Feedback, z.B. bei Freunden, Bekannten, Kollegen, zu Dingen, die Ihnen zurzeit in Ihrem Leben wichtig sind. Denn dann erfahren Sie wahrscheinlich tatsächlich wichtige Dinge über sich selbst.

Nicht mehr er selbst?

Was bedeutet es, wenn Menschen über jemanden sagen, er sei nicht mehr er selbst? Was meinen sie damit? Sagen sie, er ist nicht mehr so wie sonst. Oder meinen sie, dass er sich nicht mehr so verhält, wie sie es gerne haben. Kann ein anderer Mensch überhaupt wissen, wie es im Selbst eines Anderen aussieht? Ich meine – nein.

Auch wenn wir natürlich ein wenig vom Selbst des Anderen sehen, in dem was er denkt, tut oder fühlt, in dem, was wir eben von ihm wahrnehmen können. Und ist das nicht nur ein kleiner Ausschnitt dessen, was jemand wirklich ist? Wie gut kenne ich mich denn selbst? Wie oft bin ich überrascht über die Art oder Heftigkeit meiner eigenen Reaktionen? Und wie leicht wäre es dann zu sagen, ich war außer mir, das war ich nicht selbst?

Ich weiß aber auch, dass ich sehr wohl selbst entscheide, in welcher Art und wie heftig ich mich meiner Umwelt gegenüber äußere, auch wenn es mich selbst manchmal wundert. In diesen Momenten fange ich an nachzudenken, was mir diese Reaktion und meine Verwunderung darüber, über mich selbst sagen. Und ich lerne mich selbst ein Stückchen besser kennen. Ich wünsche Ihnen, dass auch Sie auf dieser Reise Erfolg haben und sich nicht von Anderen sagen lassen, wie Sie selbst zu sein haben.

Tipp:
Wenn Sie selbst im Nachhinein über eigene Reaktionen erstaunt sind, fragen Sie sich vielleicht einmal, was der Grund dafür gewesen sein könnte. Mir hilft es immer, wenn ich dabei das Augenmerk darauf richte, welches meiner wichtigen Bedürfnisse ich selbst oder der (die) Andere(n) in dieser Situation nicht berücksichtigt habe(n). Dann finde ich meist auch eine Ursache.

Achtsamkeit

Wenn ich über das Thema Achtsamkeit nachdenke, dann beziehe ich das zunächst auf meine Umwelt und Mitmenschen. Es gibt viele Situation, wo ich mich frage, wie kann ich meinem Gegenüber, sei es ein Freund, Bekannter oder auch beruflicher oder politischer Widersacher, mit dem gebotenen Respekt begegnen?

Wie kann ich sicherstellen, dass ich den Anderen nicht verletze, selbst wenn wir in der Sache eine harte Auseinandersetzung haben?

Einer der Schlüssel dazu ist, dass ich mir im Bewusstsein halte, dass er eben auch ein Mensch mit Stärken und Schwächen ist – genau wie ich selbst. Ich hüte mich dann davor, ihn zu entmenschlichen und damit auf eine andere Stufe zu stellen als mich selbst. Und solange ich dem Anderen auf Augenhöhe begegne, ist es leichter, dies mit dem gebotenen Respekt und der nötigen Vorsicht zu tun. Ein weiterer Punkt ist, Dinge, die mich stören, rechtzeitig anzusprechen, bevor sie mich ernsthaft beunruhigen. Dann kann ich es auch mit Leichtigkeit und Humor tun und der Andere kann es vermutlich eher annehmen.

Zum Anderen beziehe ich Achtsamkeit dann auch auf mich selbst. Was ist mir selbst wichtig im Umgang mit Anderen und mir? Wie kann ich dafür sorgen, dass meine eigenen Bedürfnisse gut beachtet werden? Mir hilft es, wenn ich mir meine eigenen Ziele bewusst mache und diese im Umgang mit Anderen präsent habe.

Das kann dann dazu führen, dass ich mir zum Beispiel Zeit erbitte, bevor ich auf eine Frage antworte, deren Antwort ich nicht parat habe oder dem Anderen klar mache, dass ich für ein Vorhaben mehr Zeit benötige, als er mir geben will. Oder, dass ich auch konsequent „Nein“ sage, wenn das Anliegen des Anderen nicht zu meinen Zielen oder meinem eigenen Zeitplan passt.

Tipp:
Wenn Sie dem Thema Achtsamkeit mehr Raum geben möchten, erforschen Sie zunächst Ihre eigenen Ziele und Bedürfnisse (Anregungen dazu gibt z.B. das Kapitel „Frühling“). Und dann achten Sie darauf, indem Sie die Anforderungen Ihrer Umwelt damit abgleichen. Schaffen Sie sich Raum dafür, dass Sie die Dinge so tun können, wie es Ihnen wichtig ist.

Allez hopp!

Im Begleitbuch zu seinen gesammelten Werken erzählt der Humorist Loriot[14] vom Zirkushund Jenny. Die sensationelle Leistung Jennys beruhte auf ihrer Weigerung, irgendetwas zu tun, was man von ihr verlangte. Leider – so bemerkt er – begegnete ihm Jenny zu spät im Leben, denn er hätte so vieles von ihr lernen können. Zum Abschied habe sie ihm leise ins Ohr gebellt: "Du bist zu oft durch den Reifen gesprungen."

Leider ist mir so eine Jenny bis heute nicht begegnet und wenn ich's recht bedenke, bin ich wohl auch das eine oder andere Mal durch Reifen gesprungen, die mir von machthungrigen Menschen hingehalten wurden. Mehr oder weniger geschickt haben Sie herausgefunden, wie ich denn so „ticke". Und dann haben Sie den passenden Reifen herausgeholt, dem ich partout nicht widerstehen konnte.

Wahrscheinlich passiert mir das auch heute noch ab und zu, aber immer seltener. Was ist das geeignete Gegenmittel gegen Reifen und die Aufforderung zu springen? Dass ich genau weiß, was ich selbst will und was mir wichtig ist. Dann können die Reifen noch so verlockend sein, ich lasse sie einfach links liegen.

Tipp:

Wenn jemand anderes irgendetwas sehr verlockend darstellt oder präsentiert, bleiben Sie misstrauisch. Und prüfen Sie bitte, ob es sich nicht um einen weiteren „Reifen" handelt, durch den Sie springen sollen. Und denken Sie an den Rat von Jenny.

---

[14] Loriot, Die vollständige Fernseh Edition, ARD Video, 2007

Gedanken-TÜV

Kennen Sie das auch? Man steht mit dem „linken Fuß auf", das Wetter ist trübe und grau, der Kaffee schmeckt nicht und die Kollegen sind auch „doof". Mit anderen Worten: ein richtiger „Mist"-Tag. Und man fühlt sich niedergeschlagen und wünscht sich, der Tag wäre am Besten schon vorbei.

Wenn es mir selbst so geht, dann fange ich mich an zu fragen: „Welchen Blödsinn denkst Du gerade, dass es dir vorkommt, dass das ein so miserabler Tag ist?" Zum Beispiel sind das Gedanken wie: „Weil es regnet, kann ich heute dies und das, was ich mir vorgenommen habe, nicht tun." Aber stimmt das wirklich? Und die Kollegen, die sich heute so „doof" verhalten. Tun sie das wirklich? Oder ist es nur meine Wahrnehmung, die heute besonders kritisch ist. Vielleicht reagieren sie ja auch nur auf meine schlechte Laune. Mit anderen Worten: Das, was ich selbst denke und wie ich mich verhalte, hat entscheidenden Einfluss darauf, wie ich mich fühle.

Und in diesem Bewusstsein überlege ich mir dann schnell, was ich stattdessen denken kann, damit es mir gleich besser geht. In Bezug auf den Regen können das so Dinge sein wie: „Toll, da brauch' ich die nächsten Tage keinen Rasen bewässern!" oder „Klasse, da habe ich endlich mal Zeit, meinen Schreibtisch aufzuräumen", ... In Bezug auf die Kollegen könnte ich vielleicht sagen: „Ich habe das Gefühl, sie sind heute etwas angespannt. Ist das so? Und falls ja, kann ich sie irgendwie unterstützen." Mit diesen und ähnlichen Gedanken schaffe ich es, dass es mir schnell wieder besser geht.

Tipp: Probieren Sie es doch mal aus! Achten Sie auf Ihre Gedanken! Schreiben Sie in dieser Woche jedes Mal auf, wenn Sie einen negativen Gedanken erkannt haben, was Sie stattdessen ab jetzt lieber denken möchten.

Die Wegkreuzung

Vor langer Zeit wanderte ein Pilger durch's Land. Er war schon weit herumgekommen und hatte sich schon oft entscheiden müssen, wie er weitergehen wollte. Mit der Zeit fiel ihm das immer schwerer, denn er fing an, sich Gedanken zu machen, ob er noch auf dem richtigen Weg sei. Bis er eines Tages an eine Wegkreuzung kam, an der er wirklich nicht mehr weiter wusste. Er blieb stehen und fing an zu grübeln, aber je länger er nachdachte, umso unklarer wurde ihm, wo er weitergehen sollte. Traurig setzte er sich hin, stützte den Kopf in die Hände und fing an zu weinen.

So fand ihn ein alter Bauer, der gerade auf dem Heimweg von seinem Feld war. Er blieb stehen und fragte: „Was macht dich denn so traurig und verzweifelt?". Der Pilger sah auf und dachte: „Wie will mir ein alter Bauer wohl helfen?". Dennoch gab er ihm Antwort: „Ich bin schon so viele Jahre unterwegs und nun weiß ich den rechten Weg nicht mehr." Der Bauer lachte und sagte: „Du Narr, weißt du denn nicht, dass alle Wege miteinander verbunden sind und genau hier beginnen, wo du sitzt. Gehst du den einen, wirst du eine Erfahrung machen, gehst du den anderen, eine Andere. Und wenn du alles erfahren hast, wirst du am Ziel Deiner Reise sein." Der Pilger dachte kurz nach und fragte weiter: „Und woher weiß ich, welche Erfahrung gerade jetzt für mich wichtig ist?" Der Bauer sagte: "Wenn du darauf achtest, wo momentan die Energie hingeht und wo es strahlender ist, kannst du eine Entscheidung treffen. Aber wisse, es gibt keinen falschen Weg."

Der Pilger stand auf, dankte dem Bauern für seinen Rat, schaute sich um und zog frohen Mutes einen der beiden Wege weiter.

Tipp:
Wenn Sie sich einmal nicht so recht entscheiden können, wohin ihr eigener Weg als Nächstes führen soll, gehen Sie ganz bewusst nach draußen und achten Sie darauf, wer oder was Ihnen besonders attraktiv und anziehend vorkommt, sei es ein Ort, ein Mensch, ein Buch, ... Und dann beschäftigen Sie sich damit näher und finden Sie heraus, was genau es für Sie in diesem Moment bedeutet.

Entschleunigung

Bei Veränderungen erlebe ich oft, dass es einigen Beteiligten gar nicht schnell genug gehen kann. So als ob man etwas verpassen würde, wenn die Veränderung nicht am Besten schon heute geschieht. Andere wiederum fühlen sich schier überfahren von der Geschwindigkeit, mit denen sich die Dinge ändern. Deshalb ist es sinnvoll, von Zeit zu Zeit inne zu halten und zu fragen: Passt das Tempo noch zum angestrebten Ziel?

Haben Sie auch so wenig Zeit?

Kennen Sie das auch von sich selbst, Bekannten, Kollegen oder Freunden? Da kommt jemand mit einer Kleinigkeit (Bitte, Information, Anliegen usw.) und fragt: „Hast Du mal einen Moment Zeit?“ und die Antwort die Sie selbst dem Anderen geben oder die Sie im umgekehrten Fall zu hören bekommen ist in etwa: “Keine Zeit. Hab’ noch so viel zu tun“.

Das ist schon komisch mit der Zeit. Zum einen ist sie ja eine willkürliche Einteilung der Realität in Jahre, Monate, Tage, Stunden, Minuten und Sekunden. Sie kommt in dieser Form in der Natur ja gar nicht vor. Dort gibt es nur Tag und Nacht oder Jahreszeiten. Und das hat früher auch durchaus gereicht um ein Leben zu strukturieren. Zum anderen hat ja jeder genau gleich viel Zeit, jeden Tag einen ganzen Tag.

Was heißt es dann eigentlich, wenn wir sagen wir haben *keine Zeit*? Das, was Du jetzt gerade von mir willst, ist mir nicht so wichtig, wie das was ich gerade tue. Vielleicht ist mir auch das Gegenüber nicht so wichtig, wie ich mir selbst oder das, was ich gerade tue. Und wenn das so ist, weswegen sage ich das meinem Gegenüber eigentlich nicht? Ist es Rücksicht auf dessen Gefühle? Oder vielleicht die Tatsache, dass es ja modern ist, wenn man viel beschäftigt ist und dass es die eigene Bedeutung (scheinbar) erhöht?

Wie würde sich das für Sie anhören, wenn Sie beim nächsten Mal einfach sagen:
„Klar nehme ich mir Zeit für dich, weil du mir wichtig bist“. Und wie wäre dieses Gefühl für die Anderen da zu sein? Ist das nicht vielleicht sogar befriedigender, als die scheinbare Geltung des „Keine-Zeit-Habens“? Wie wäre es, wenn Sie es einfach mal ausprobieren?

„Wenn’s doch nur so einfach wäre“, sagt da ein Bekannter. Und er dreht im Coaching den Kunden bewusst "das Wort im Mund herum" wenn er sie bittet zu sagen: "Ich nehme mir dafür keine Zeit" statt "ich habe dafür keine Zeit". Aus meiner Sicht ergibt das eine ganz neue Qualität im Leben. Das vielleicht schon schuldbewusst geäußerte "keine Zeit haben" im Sinne von "ich hätte gerne, geht aber wegen der Umstände nicht" verbunden mit dem Gefühl des Getriebenseins klingt wenig eigenverantwortlich. Daraus wird eine andere innere Haltung durch das "Zeit nehmen". Eine bewusste Entscheidung für oder gegen etwas oder zumindest für eine Reihenfolge. Wir gehen ja auch nicht in ein Lokal und sagen zum Kellner: Bringen Sie mir irgendwas! Wir wählen aus: Warum also nicht auch, was wir mit unserer Zeit machen?

Tipp:

Nutzen Sie doch die wahrscheinlich ohnehin nur kurze Unterbrechung als eine willkommene Gelegenheit, um danach kurz innezuhalten und die Gedanken neu zu sortieren. Mache ich gerade das Richtige? Habe ich mich festgebissen? Gibt es einen anderen Weg die Sache anzugehen? Und weitere ähnliche Fragen.

Tieferer Kontakt mit mir selbst

Vor einigen Monaten begann ich eine Pilgerreise, die mich in mehreren Etappen bis nach Tours in Frankreich führen soll. Ich startete in Zwingenberg und wanderte mehrere Tage allein durch das Ried, Rheinhessen und den Pfälzer Wald. Etwa am dritten oder vierten Tag stellte sich dann eine Ruhe in mir ein, sodass ich selbst und der Rhythmus meiner Schritte eins wurden.

Die Gedanken, die mich noch an den Tagen vorher gequält hatten, seien es unerledigte Aufgaben aus dem Job, Planungen für die Zukunft, usw. verschwanden allmählich. Das heißt, entweder waren sie wirklich weg oder sie waren so unwichtig geworden, dass ich nicht mehr daran dachte. Das Gehen, mein Herzschlag, mein Atem und die Geräusche meiner Wanderschuhe und des Stabs wurden eins. Jegliche Hetze war von mir abgefallen und ich hatte das Gefühl, meinen eigenen Rhythmus gefunden zu haben. In diesem Rhythmus hätte ich nach meinem Empfinden tagelang weitergehen können, ohne zu ermüden.

Als ich dann auf einer Wiese mit einer Hecke an einem kleinen Bach Mittagsrast machte und meine Käsebrötchen aß und Wasser trank, setzte ich mich noch eine Weile hin und betrachtete die Umgebung. Die abgeernteten Getreidefelder, die Wiesen, der Wald oben auf dem Hügel, alles wirkte lebendiger, hatte mehr Präsenz als sonst. Wahrscheinlich nahm ich es aber auch einfach bewusster wahr.

Aus dieser Erfahrung kam ich gestärkt und mit innerer Ruhe zurück, die mich auch den Alltag gelassener erleben lässt. Das gelingt mir umso besser, je mehr ich die Dinge in meinem eigenen Zeitgefühl tue.

Tipp:
Nehmen Sie sich doch einmal eine Auszeit und lassen Sie die täglichen Verpflichtungen als Arbeitnehmer, Vater, Mutter, Freund, Freundin, … hinter sich. Suchen Sie sich eine Betätigung oder einen Ort (ein Urlaub im Kloster ist hier z.B. auch eine gute Möglichkeit), wo Sie weitgehend mit sich selbst allein sind (und lassen Sie am Besten auch das Handy zuhause). Und dann tun Sie das, was Ihnen wirklich wichtig ist und zwar genau so, wie es Ihnen gut tut.

Mal einen Gang runterschalten!

Nach einer monatelangen und sehr arbeitsreichen Phase hatte ich mir mal zwei Tage frei genommen und besuchte einen Freund in Norddeutschland. Er musste arbeiten und so gestaltete ich meinen Tag ganz in meinem eigenen Rhythmus. Erstmal habe ich ausgeschlafen und ausgiebig gefrühstückt. Danach habe ich mich in Ruhe für ein Gespräch in der nächsten Woche vorbereitet und dabei Tanita Tikaram und Rick Wakeman gehört.

So um halb zwölf war ich dann ganz gemütlich am See entlang Richtung Eutin aufgebrochen. Mittagessen am Markt: grüne Bandnudeln mit Lachs; ich habe jeden Bissen gemütlich gekostet (ich weiß, dass ich sonst viel zu schnell esse). Weiter am Schloss vorbei und ein Stück um den großen See. Und in meinem Tempo hatte ich Zeit, die Dinge bewusst aufzunehmen:

- die Formen des Eises auf dem Schlossgraben, wie plattgedrückte Schneekristalle
- die verschiedenen Blautöne am Himmel und im Wasser, von türkis bis stahlblau
- das goldene Glitzern der Sonne auf den Wellen

Und obwohl es noch Winter ist und nichts blüht, nahm ich verschiedene Farben in der Vegetation wahr. Ein Ensemble von Büschen mit gelbgrünen Zweigen kontrastiert von rotbraunen Zweigen der Büsche daneben und das Alles gerahmt vom beigebraun des Riedgrases.

Und es gab eine Symphonie der Natur:

- das Singen des Eises am Seeufer im Wind
- die alte Kopfsteinstrasse, die sich den Berg hoch zum Wasserturm zieht
- der Baum, der zwei seiner Äste im Wasser abgelegt hat, als wolle er seine Arme kühlen

Mir begegneten viele Menschen mit unterschiedlicher Stimmung, von denen ich jeden freundlich grüßte. Nach drei Stunden war ich wieder „zuhause" und setzte mich mit einer Tasse Tee hin, um dies zu schreiben. Ich war voller Energie, wie sonst kaum nach einem zweiwöchigen Urlaub.

Tipp:

Schalten Sie auch mal wieder einen Gang runter, auf diese oder ähnliche Weise. Tun Sie sich etwas Gutes. Und nehmen Sie Ihre Umwelt ganz bewusst und mit allen Sinnen wahr.

Leben im Augenblick

In den letzten Wochen ereigneten sich in meinem Freundes- und Bekanntenkreis einige Todesfälle, von denen der eine oder andere zu erwarten war, manche aber auch nicht. Auf jeden Fall führte mir das (mal wieder) vor Augen, wie töricht es doch ist, seine Pläne und Wünsch auf die Zukunft, am Ende gar noch die Rente, zu verschieben.

Woher weißt du denn, wie lange der Tanz überhaupt noch geht und wann die Musik für dich aufhört zu spielen? Ich jedenfalls weiß es nicht. Und deswegen begrüße ich (fast) – na ja auch ich habe manchmal nicht so gute Tage - jeden neuen Tag wie ein Geschenk.

Und ich beschäftige mich immer öfter damit, was mir jetzt wichtig ist. Mit welchen Menschen möchte ich jetzt Zeit verbringen? Was will ich tun, was sein, was erleben? Und so gelingt es mir immer öfter, im Augenblick zu leben.

Tipp:
Achten Sie in der kommenden Woche doch einmal darauf, wann Sie sich in einer Situation besonders gut fühlen? Was ist es, was dieses Gefühl auslöst? Wie können Sie mehr davon in Ihr Leben bringen? Und geben Sie diesem Gedanken mehr Zeit und Aufmerksamkeit. Wenn Sie sich öfter mit dem Gedanken daran beschäftigen, setzt das auch Energie frei, um es zu tun.

Ich weiß nicht, ob es besser wird,

wenn es anders wird.

Aber es muss anders werden,

wenn es besser werden soll.

(Georg Christoph Lichtenberg)

Quellen:

- Eileen Caddy – Herzenstüren öffnen, Greuthof, 6. Auflage, 1994
- T. Webster-Doyle, Karate- Die Kunst des leeren Selbst, W. Kristkeitz Verlag, 1992
- Steve de Shazer, Der Dreh, Carl-Auer, 11. Auflage, 2010

Printed by Books on Demand GmbH, Norderstedt / Germany